THE THEORY AND PRACTICE
OF COMPUTER AND NETWORKS ASSISTED
ENGLISH TEACHING

计算机网络辅助
英语教学的理论和实践

戚一岚 著

浙江工商大学出版社
ZHEJIANG GONGSHANG UNIVERSITY PRESS
·杭州·

图书在版编目(CIP)数据

计算机网络辅助英语教学的理论和实践 / 戚一岚著.
— 杭州：浙江工商大学出版社，2020.6(2021.12 重印)
ISBN 978-7-5178-3823-4

Ⅰ．①计… Ⅱ．①戚… Ⅲ．①英语－网络教学－教学
研究 Ⅳ．①H319.3－39

中国版本图书馆 CIP 数据核字(2020)第 072923 号

计算机网络辅助英语教学的理论和实践
JISUANJI WANGLUO FUZHU YINGYU JIAOXUE DE LILUN HE SHIJIAN
戚一岚 著

责任编辑	谭娟娟	
封面设计	王　辉	
责任印制	包建辉	
出版发行	浙江工商大学出版社	

(杭州市教工路 198 号　邮政编码 310012)
(E-mail:zjgsupress@163.com)
(网址:http://www.zjgsupress.com)
电话:0571－88904980,88831806(传真)

排　　版	杭州朝曦图文设计有限公司
印　　刷	广东虎彩云印刷有限公司绍兴分公司
开　　本	710mm×1000mm　1/16
印　　张	13
字　　数	167 千
版 印 次	2020 年 6 月第 1 版　2021 年 12 月第 2 次印刷
书　　号	ISBN 978-7-5178-3823-4
定　　价	46.00 元

前　言

　　改革开放以来,中国掀起了学习外语的热潮,几乎从幼儿到老人(为数虽少)等各种人群都在不同场合学习外语。确实,在我国的外语教学史上出现过不少精通外语的大师级人物。但不可否认,中国人学习外语的手段是比较传统单一的,无非就是课文背诵、即兴记忆之类的方法,在课堂上还是教师讲、学生听的传统教学方法占据主导地位。于是,就出现了费时低效的现象。

　　从20世纪90年代起,以计算机网络为核心的现代信息技术突飞猛进地发展了起来,并迅速地进入社会各领域。应该说,任何技术一旦被引入某个实践领域,便会引起该领域的极大变化,甚至是革命性的变化。弗里德曼(Friedman)提出:"世界进入全球化1.0时代靠的是航海技术撬动国家的全球化;世界进入全球化2.0时代靠的是航空飞行技术撬动公司的全球化;最后世界进入全球化3.0时代靠的是信息技术和国际互联网撬动个人的全球化。从而让各种肤色的人都可以参与其中。"计算机网络技术进入英语教学领域,当然会改变传统英语教学的信息传递通道、教学内容与活动的整合形式乃至教学过程,也使教学结构形式及其构成要素发生巨大的变化。鉴于这些变化,我们势必要研究如何使计算机网络与英语课程很好地整合起来,探索有效的手段、方法和模式。

　　如果说最初的计算机辅助作用主要体现在改善教学过程的手段和方法,以及增强教师的教学能力上,那么20世纪90年代以后,由于出现了数字化技术及信息和网络技术,计算机的功能发展进入了非常高级的尖端时代,在教学上计算机再也不仅仅是辅助教师改进教学手段的工具,而是能够全方位、立体式地提高教学效果的技术主题,可以说已远远超越了其在教学中的辅助功能。

教育部《关于外语专业面向 21 世纪本科教育改革的若干意见》指出,21 世纪外语专业人才的培养目标和培养规格以及教学内容和课程建设的改革都需要通过教学方法和教学手段的改革才能得以实现。课堂教学重在启发、引导,要为学生留有足够的思维空间;课外活动要精心设计,要注意引导,使其成为学生自习、思索、实践和创新的过程。广播、录音、投影、电影、电视、录像、计算机、多媒体和网络技术的利用及开发为外语专业教学手段的改革提供了广阔的前景。基础教育《英语课程标准》也要求教师充分利用现代教育技术手段,开发英语教学资源;利用以现代信息技术为载体的英语教学资源,实现现代信息技术与英语教学的整合;英语课程要充分利用多媒体设施,丰富课程资源,更新教与学的方式。网络上的各种媒体资源及专门为英语教学服务的网站为各个层次的英语教学提供了丰富的资源,也为学生的个性化学习和自主学习创造了便利的条件。

计算机网络技术给传统教学带来了深刻的变革。一方面,利用现代教育技术改进教学方法、教学手段、教学模式、教学管理、教学研究,这说明 21 世纪教师的专业素养在知识结构上已不同于以前的教师,不再局限于"学科知识＋教育学知识",而是强调多层复合的结构特征,需要具备工具性学科的扎实基础和熟练运用的技能。因此,教师不但需要扎实地掌握本专业知识,还必须具有较好的计算机网络应用素质。另一方面,基础教育的教学改革不只是教学方法、教学手段的改革,而是涉及整个学科内容、教学体制、教师工具性学科素质的变革,教师的计算机网络技术素质真正成为工具性素质是改革的主体性内容和动力。因此要发挥现代教育技术的普遍性作用,教师的计算机技术素质就必须与其相关的学科课程相结合,以利于对学生综合能力的培养。

　　作者多年从事英语教育工作,深刻体会到计算机网络技术在英语教学中所起的重要作用。经过几年的探索和实践,作者在计算机网络辅助英语教学上积累了一点经验,在阅读大量相关文献和专著的基础上,结合个人的教学体会,撰写了本书。

　　本书是2018年度浙江省哲学社会科学规划课题"社区英语教育云平台构建研究"的研究成果之一。全书共分十三章:前三章以理论阐述为主,探讨了计算机网络辅助英语教学的基本概念、理论与原则、英语习得障碍探究等;后十章在理论的指导下,在内容和方法上力求与英语教学密切联系,主要涉及利用网站管理系统建设英语教师个人网站、英语写作中电子邮件键友活动的实验研究、基于思维导图的开放性英语学习者模型研究、动画电影作为英语教学的潜力、社区英语教育云平台构建研究、英语教学中的技术与动机、用增强现实技术创设沉浸式英语学习环境等内容。

　　本书有两大特点:

　　(1)重点突出。本书在论述的过程中,始终围绕着计算机网络辅助英语教学这个主题,从CALL教学理论、计算机网络技术与英语课程的整合、教学模式和实践应用等多元化的角度阐述了计算机网络对英语教学的影响。

　　(2)理论联系实践。在阐述计算机网络辅助英语教学的相关基础理论时,还阐述了计算机网络在英语课堂上的实践应用,为英语信息化教学提供了新思路。

　　在撰写本书的过程中,作者参考借鉴了相关的文献资料,在此向参考文献的作者表示衷心的感谢!探索知识的道路是永无止境的,教学研究又是一个复杂的过程,因此本书可能存在着许多不足之处,恳请前辈、同行及读者批评斧正。

戚一岚

2019 年 12 月

目　录

| 第一章　导　言 / 001

| 第二章　CALL 的理论基础　/ 008

一、第二语言习得的交互理论　/ 010

二、社会文化理论　/ 013

三、活动理论　/ 015

四、建构主义　/ 019

| 第三章　终身学习视阈下的英语习得障碍研究　/ 024

一、英语习得障碍讨论　/ 025

二、克服障碍的建议　/ 029

| 第四章　因特网在外语教学中的应用方式评述　/ 031

一、万维网(The World Wide Web)　/ 031

二、电子邮件(E-mail)　/ 033

三、新闻组(Usenet)　/ 036

四、邮件列表(Mailing lists)　/ 037

五、实时交流　/ 038

| 第五章　英语教学中的技术与动机　/　041

一、技术的内在激励效应　/　042

二、使用技术的动机　/　045

三、语言教学中的技术　/　050

四、技术辅助英语教学的地方性和全球性问题　/　054

五、注意事项　/　055

| 第六章　CALL 与教师对学习者自主学习的促进　/　057

一、CALL 促进自主学习：理论与实践　/　057

二、阻碍 CALL 应用的因素　/　059

三、对自主学习的威胁　/　061

| 第七章　利用网站管理系统建设英语教师个人网站　/　063

一、建站条件　/　064

二、利用网站管理系统建设网站的过程　/　064

三、其他网站设施　/　075

| 第八章　英语写作中电子邮件键友活动的实验研究　/　078

一、相关文献综述　/　078

二、研究方法　/　080

三、结果和讨论　/　084

| 第九章　基于思维导图的开放性英语学习者模型研究　/　108

一、思维导图介绍　/　108

二、基于思维导图的开放性英语学习者模型　/　111

三、EMM 的源代码　/　116

| **第十章 运用增强现实技术创设沉浸式英语课堂** / **121** |

一、相关研究综述 / 122

二、AR 技术在英语教学中的表现形式 / 125

三、基于 AR 技术的英语课堂的系统模型 / 129

四、AR 英语沉浸式课堂的演示 / 131

五、学习者反馈 / 136

六、AR 英语课堂的局限性 / 139

| **第十一章 皮克斯动画电影用于外语教学的潜力** / **142** |

一、皮克斯动画电影:一种流行的文化类型 / 143

二、英语课堂中应用动画片的理论背景 / 146

三、英语课堂上使用动画片的任务类型 / 148

四、英语课堂实例 / 150

| **第十二章 社区英语教育云平台构建研究** / **155** |

一、社区英语教育云平台的服务模式 / 156

二、社区英语教育云平台提供的服务内容 / 157

三、社区英语教育云平台的优势 / 160

| **第十三章 互联网用于英语教学:教师指南** / **161** |

| **参考文献** / **167**

第一章 导 言

计算机辅助语言教学（Computer Assisted Language Instruction,
CALI）, 也叫 CAI（Computer Accelerated Instruction）、 CALI
（Computer Accelerated Language Instruction）、 TELL（Technology
Enhanced Language Learning）或 MALL（Mobile Assisted Language
Learning）。 计算机辅助语言教学后来被计算机辅助语言学习
（Computer Assisted Language Learning, CALL）一词所代替，原因
是前者不能反映以学习者为中心的教学理念（Bush & Tery, 1997;
Davies & Higgins, 1982; Levy, 1997; Shield, 2008）。

CALL 开始于 20 世纪 60 年代。 伊利诺伊大学的自动化教学操作
的程序逻辑（Program Logic for Automated Teaching Operation,
PLATO, 1958—1993）是最早期的 CALL 项目，曾用于教授英语、法
语、汉语、俄语、希腊语、拉丁语、西班牙语及世界语 8 种语言。

CALL 随着个人电脑（PC）在 20 世纪 70 年代的出现得到进一
步发展，到了 80 年代，用 BASIC 写成的用于各种语言学习的软件
在 BBC 计算机、Apple Ⅱ 和 IBM PC 上随处可见。 与此同时，
CALL 研 究 著 作 开 始 大 量 出 现，CALL 专 业 组 织 如 CALICO
（1983— ）和 EuroCALL（1986— ）也开始出现，这标志着对
CALL 的研究真正开始。 90 年代以后，CALL 专业组织、专业研讨
会、专业论文集、专业期刊如 IALLT、LATEFL、JALT、LLT、
CALICO Journal、CALL-EJ Online、CALL Journal、Re-CALL、
TCLT、TCLT Online Journal、ICICE、AMCLE、AMCLE Online

Journal 等相继出现，为对 CALL 研究的进一步发展打下了基础。CALL 硕士、博士学位也开始出现，有的大学（如华东师范大学）甚至出现制作多媒体语言学习软件的工作流水线。新技术、新软件、新平台更是层出不穷，反过来又进一步促进了对电脑辅助语言学习包括多媒体教学和网络教学的研究和发展。专业组织、专业研讨会、专业期刊和专业论文集的出现标志着 CALL 的成熟和专业化；CALL 硕士、博士学位的出现，则标志着 CALL 已成为一个独立学科，在第二语言教学方面获得了应有的地位。目前，CALL 已经成为一个丰富多样的工作领域，具有相当深度。

从整体来看，CALL 的丰富性和多样性是许多因素作用的结果。这些因素包括可用于 CALL 应用的技术工具的数量和范围；对语言如何学习的日益复杂的理解；环境因素导致不同环境中学习者的不同优先事项、资源和目标；由于目标语言的属性而产生的特殊挑战。当然还有其他因素，但首先讨论这四个方面是有必要的。

在发达国家，现在使用的一系列通信技术是近年来技术多样化发展的很好的表现。除了面对面交流，我们可能选择与家人、朋友或同事通过电话（移动电话或固定电话）、电子邮件（语音，文本或图像）、网上聊天、一对一或作为群组的成员来进行交流。大千世界的这些发展也会反映在我们的教育机构中。现在，语言教师和学习者有越来越多的选择可能性，而使用任何特定工具进行教学或学习都需要清楚地了解其优势和局限，并理解如何将工具与适当的语言学习任务相结合。

从历史上看，新技术的发明很大程度上是出于扩展或克服我们作为人类的先天限制的愿望，特别是那些由我们的身体或心理能力决定的限制。例如，笔和纸有助于我们记忆，望远镜或显微镜扩展了我们的视野，电话增强了我们远距离通信的能力，锤子放大了我们的力量，汽车或飞机扩大了我们的活动范围。过去 30 年中引入的许多具有影响力的技术已经增强了我们与相距较远的人们进行通信的能力。 每种技术的属性塑造了互动的发生方式及不同环境中语言的使用方式。

然而，CALL 中使用的技术远远超出了通信工具的作用。 它们还包括用于写作的文字处理器，用于查询词汇的在线词典，或用于强化听力练习的 MP3 播放器等。 通常，与更传统的替代方案相比，这些工具可提供更有效地操纵语言的手段（例如，文字处理器），更迅速地提供针对上下文的帮助或信息（例如，弹出单词定义或示例），或者通过提供更强的灵活性来支持语言学习（例如，在适合学习者的时间和地点进行语言练习）。 在每一种情况下，技术工具都应结合其所要执行的任务加以考虑。 理想的情况是，设计一种适当的教学方法以确保适当、有原则和有效地使用 CALL 材料。

这些技术的应用通常是直接的，但情况并非总是如此。 技术工具有时也作为达到目的的手段间接使用，例如，在新的 CALL 材料的建构和测试中。 在本书中，术语 CALL 材料用于指语言教师和设计师使用技术资源创建的各种 CALL 作品或产品，包括任务、软件、课件、网站、在线课程、程序、程序包和学习环境。

从 CALL 发展之初开始，该领域的学者就一直在编写 CALL 材料，或者与他人合作编写。 CALL 涉及设计、开发和评估，以及围绕现成产品或通用应用程序（如电子邮件或文字处理程序）的研究和实践。 在设计和开发新材料时，教师或设计师有多种选择，他们可以使用通用 Web 编辑器（例如，Front Page），或者诸如文字处理器或演示工具（例如，Word，Power Point）之类的主流多媒体应用程序。 或者，他们可以选择使用学习管理系统（Learning Management System，LMS），例如 BlackBoard 和 WebCT，它们本质上是基于 Web 的软件应用程序，为教师提供一个集成系统，用于分发课程材料，与学生沟通，激发学生与学生之间的讨论，并对学生进行管理。 这种系统正在成为世界各大学日益普遍的开发工具。

另外，还可以选择使用创作工具，例如 Hot Potatoes，它提供易于使用的模板来开发不同类型的 CALL 活动。 在使用模板时，那些特别敬业并具备必要专业知识的教师或研究者可能会使用标记标签，其中包含各种代码，这些代码可以附加到文本上，以指示使用特殊应用程序查看文档时的布局、样式和解释。

常见的 CALL 成果是语言学习网站。 网站可以服务于广泛的受众（例如，从初级英语学习者到高级学习者），或者更狭义的受众（例如，初学者的听力练习）。 CALL 网站的规模和重点可能有很大差异。 目标可以简单明了，也可以是多方面的，范围和功能各不相同，有时包括大量技术支持的活动和功能，例如 Learn Welsh Web 网站（BBC：Learn Welsh, http：//www. bbc. co. uk/wales/learnwelsh/），该网站的内容是多方面的，包含从入门到高级的、非正式和正式的语言用法及练习。 它将语言学习的社会和文化方面与许多例子结合在一起，并包括许多其他以威尔士语言或文化为重点的网站链接。 它提供简洁的活动和资源，如每日警句；也有复杂的资源，例如，在 3D 虚拟城镇中，用户可以在工作场所的视频场景中用威尔士语进行交互练习。 同时，它还提供在线词典、拼写检查和语法练习功能。 该网站充分利用新技术，包括计算机中介通信（Computer Mediated Communication，CMC），如留言板，并将主题每周三次直接发送到用户手机。

除了这些技术发展之外，我们对语言及其学习方式的理解也有所加深。 尽管我们现在对语言习得有了更多了解，但对这种新知识并没有形成单一的统一的语言学习理论，却产生一些更为狭义的理论，这些理论关注的是语言和语言学习的具体问题（Jordan， 2004；Mitchell， Myles，2004），越来越重视成功获得外语或第二语言的个人和社会因素。 对于 CALL，从第二语言习得研究、教育、心理学和人机界面设计中可以选择许多引人注目的理论。 这些理论不仅在数量上有所增长，而且在复杂性方面也有所提高。 一些理论，如社会文化理论，涉及相当多的专业概念和分析。 因此，尽管通常建议以使用理论作为出发点，但在选择这种方式时，挑战也会增加。现在需要的不仅仅是指导 CALL 的单一解决方案，而且需要仔细权衡各种选择。 研究人员和教师在他们的工作中越来越多地涉及许多平行的观点。 这需要的不仅仅是对一种观点的欣赏和理解，而是对语言和语言学习性质的一些不同观点的理解。

实际上，我们对语言教与学的理解在不断发展的语言学习任务的概念中得到了很好的体现（Long & Crookes, 1991；Nunan, 2004；Skehan, 1998；Willis, 1996）。 在过去的 20 年中，任务的定义发生了显著变化。 根据 Ribé & Vidal（1993）的研究，任务目标已经从激活沟通和认知策略的较窄目标发展到更广泛的视角，丰富了学生进行语言学习的整体经验。 现在的任务重在培养学习者的动机、创造力，或者他们对构成语言的许多方面的认识，例如文化或语用维度，学习策略和自主学习。 这些语言学习任务的新概念使语言教师能够对任务设计中的许多目标做出响应。 教学目标可以通过单一任务实现，但更有可能的是，通过一个任务的序列或一个任务的循环来完成，目的是在不同的时间解决不同的目标（Levy & Kennedy, 2004；Willis, 1996）。 因此，现在需要更多的教学专业知识来构建学生的语言学习体验，并设计满足学习者需求和愿望的任务。 这项工作对于语言课堂的面对面教学来说具有一定的挑战性，在 CALL 环境中更是如此，因为可供选择的技术种类繁多，需要有效地管理 CALL 工作并将 CALL 工作与非 CALL 工作集成，其中涉及了很多的因素。

技术工具的选择和使用及我们对语言如何学习的理解在 CALL 的概念化方面起着重要作用。 其中，关键因素来自学习者的特征和学习环境。 这些因素包括特定的学习者特征（背景、需求、目标）、环境特征（课堂、实验室、家庭）及与学习环境有关的因素（技术、社会、文化、制度），还必须考虑目标语言、课程和教师。

这些不同的特定背景因素有助于形成和确定对 CALL 的阐述。 上述因素需要被合理组合，从而有效地实现 CALL。

举例来说，中国高中生学习英语实施 CALL，我们至少需要考虑以下因素：

第一，中国与英语国家的距离；

第二，中国传统的教育和学习方法；

第三，文化目标和期望；

第四，同类课程；

第五，学习英语成功的重要性，尤其是与大学入学考试的关系；

第六，基础技术设备；

第七，无处不在的移动技术，尤其是移动电话。

这些特定因素将有助于对 CALL 进行特定解释。 但是，在任何给定的环境中都要考虑许多变量，决策过程是多方面的。

在此我们可以看出，CALL 包含大量的工作和大量的信息，以及需要将工具与任务相匹配，并在设计、理论和实践方面从广泛的备选方案中选择教学方法。 技术工具的范围，以及它们在语言学习中应用的多种方式，加上设计适当的 CALL 任务以满足不同环境中学习者的需要，这些因素结合在一起导致相当程度的复杂性，因为需要在多个领域做出决定。

本书描述了 CALL 的主题和发展，并举例说明其关键思想、主题和方向。 本书力求接受一定程度的复杂性和不同的观点，而不是避免意见分歧。 为了理解 CALL 并开发新的 CALL 材料，我们认为，最好的方法是执行一个精心设计的项目，其中包含证明它们的实践和理论论据。 这种方法考虑了语言学习的复杂性，采用模块化方法进行第二语言习得的理论构建和理论研究。 这个方法很适用于CALL，因为它考虑到了各种现有的技术工具，其中每种工具都有自己的优势和局限，以及语言教师和学习者所持的许多目标和优先事项。 总之，我们认为，在 CALL 中处理复杂性和多样化观点是当务之急。

　　本书采用的方法基本上是归纳法或数据驱动法，即先描述这一领域的重大发展，然后在此基础上，提出各章主题，讨论主流方法和问题，并在需要时，引入新的想法和概念。 描述时要详细，因为任何 CALL 实现都受到情境因素影响，更多的细节描述有助于更好地理解背景，从而使读者更容易地将示例与自己的情况进行比较。我们在以前的工作基础上，借鉴新的思路和方向，产生新的理解，而不是让读者片面相信某一特定方法或观点的优越性。 我们不会试图掩盖该领域可能存在的矛盾和含糊之处，或试图掩盖教师和研究者在语言学习中利用新技术的不同方式。 我们尽可能阐释 CALL为什么是一个有价值的工作主体，以及 CALL 独有的观点和方法。

　　本书的总体结构源于实证研究。 章节标题依次为导言、CALL相关理论、终身学习视阈下的英语习得障碍研究、因特网在外语教学中的应用方式评述、英语教学中的技术与动机、CALL 与教师对学生自主学习的促进、利用网站管理系统建设英语教师个人网站、英语写作中电子邮件键友活动的实验研究、基于思维导图的开放性英语学习者模型研究、运用增强现实技术创设沉浸式英语课堂、皮克斯动画片用于外语教学的潜力、社区英语教育云平台构建研究、互联网用于英语教学：教师指南。 本书内容反映了 CALL 作为新兴的半自治学科的范围和兴趣。

第二章　CALL 的理论基础

从事语言学习技术研究工作的人，无论是设计师、语言教师还是研究者都希望他们的工作方法是有原则的，也就是说，他们能为自己做出的决定和遵循的方向寻求一个坚实的基础。因此研究者希望在以往知识的基础上，严格测试现有理论，以期完善和改进这些理论。理论所提供的是从一个定位来看待一个问题，通过这种定位，理论突出了我们关注的内容，同时它还提供了用于分析和解释的推理结构。CALL 从业者转向理论、理论框架或模型，这为他们提供了研究的出发点或合理的基础，例如，Strambi & Bouvet（2003）使用理论来指导设计者设计。对于这些设计师来说，社会建构主义方法是一个出发点，它允许情感、认知和互动观点的连贯整合。该理论帮助设计者形成了学习观，进而设计和开发了两门面向初学者的法语和意大利语远程语言课程。语言教师 Egbert & Hanson-Smith（1999）也基于理论框架描述了 CALL 的模型，教师可以用该模型来指导语言课堂中技术的部署。值得注意的是，理论是被用作语言教学的指南，而不是处方。Fernández-Garcia & Martínez-Arbelaiz（2002）呼吁通过理论模型的构建实现两个目标：第一，描述在线聊天环境中的谈话惯例；第二，指导数据收集，使之可用于确定在线聊天互动是否导致语言习得。因此，该理论不仅可以帮助研究者决定关注和收集哪些数据，还可以帮助研究者在收集到数据后解释这些数据。一般来说，上述理论以各种方式帮助 CALL 从业者，无论他们是设计师、语言教师还是研究人员。

Neuman（2003）详细总结了上述理论的价值：

> 理论构建了我们关于某个主题所看到和想到的。它为我们提供了概念，提供了基本假设，指引了我们对重要问题的理解，并为我们提供了理解数据的方法。理论使我们能够将一项研究与其他研究人员所贡献的知识基础联系起来。理论可以帮助研究人员看到森林，而不仅仅是一棵树。理论提高了研究者对数据的相互联系和更广泛意义的认识（第65页）。

这个摘录中的第一句值得注意。通过构建我们所看到的东西，理论不可避免地包括或者排除一些内容。一些理论认为，至关重要的因素可能会被其他理论忽略或赋予背景作用。换句话说，每个理论都将某些想法、问题或结构带入前景，而把其他推入幕后。例如，在学习理论中，认知理论非常注重个体的学习过程，而社会文化理论则将语言学习的社会方面更多地放在前景中。这并不是说认知理论否认了社会的作用，或者社会文化理论否认了个人在学习中的作用，而是涉及一个优先次序的问题，以及该理论可以有效应用的领域。

另外，Neuman（2003）提出了与研究者相关的理论。他提出，理论经常被认为好像只被研究人员使用，然而在 CALL 中，与许多其他以实践为导向的教育领域一样，情况并非如此。设计师和语言教师也使用理论，这一点往往被忽视。设计师和语言教师对理论的看法是最重要的，这些看法与研究人员理解和使用理论的方式不同。

本章提出的另一个重要问题是在 CALL 中可能应用的理论的数量，其中有许多理论可供实践者在他们的工作中借鉴。这种理论上的"多元主义"是好还是坏一直是相关文献中争论的主题（见

Block，1996；Gregg，1993，2000；Jordan，2004；Lantolf，1996）。 就我们而言，只要同意 Mitchell & Myles（2004 年）的结论就够了：

> 总的来说，虽然我们完全接受需要在某一特定理论框架内进行研究计划的论点，但我们倾向于第二语言学习理论的多元化观点。无论如何，进入这一领域的学生显然需要广泛了解各种理论……（第 2 页）。

因此，本章试图描述 CALL 中使用的一些理论，这些理论主要来自第二语言习得、社会文化理论、建构主义等，选择这些理论是因为它们在 CALL 中的使用频率很高。 本章提供了每种理论的主要属性的简要描述，以及它在 CALL 中的应用实例，为那些想要跟进并阅读更多有关特定理论的读者提供了参考资料。

一、第二语言习得的交互理论

第二语言习得的交互理论起源于 Krashen 的研究，他在 20 世纪 70 年代后期提出了第二语言学习的理论模型（Krashen，1977；另见 Krashen，1985）。 该模型由一组五个假设组成：习得—学习假设；监测假设；自然顺序假设；输入假设和情感过滤假设。 其中的第四个假设，即输入假设，促使了对第二语言习得进一步的理论阐述和实证研究，从而形成了第二语言习得的交互理论。 人们认识到单独输入不足以进行语言习得（与输入假设的断言相反），交互和学习者输出也是必要的（Long，1996）。 Long（1996）提出了交互作用假说（后来在 1996 年重新表述），Swain et al.（1985）在她的可理解为输出假说中进一步发展了这一假设（例如，Long，1996；Swain，

1985；Swain & Lapkin，1995）。 最近关于注意和注意在学习中的作用、互动修改及其在习得中的作用及对形式的关注的更多研究导致了激励和维持互动性传统的进一步完善（Doughty & Williams，1998；Gass & Varonis，1994；Schmidt，1990，1994；Gass，2003；Mitchell & Myles，2004）。

交互理论强调了面对面交互在第二语言发展中的作用（Long，1996），其中的核心是意义的沟通，其间学习者和对话者参与了互动调整过程（Pica，1991）。 这些调整有助于突出话语中特定的语言和非语言特征，使得输入易于理解。 然后，学习者可以将这种输入转换为吸收，这是培养第二语言熟练程度的基础。 意义沟通还需要学习者的生产性输出，这也有助于语言发展（Swain & Lapkin，1995）。

交互理论及其教学表现形式对第二语言习得理论的发展和该领域的研究方向产生了重大影响（Ellis，1994；Sharwood-Smith，1993；Spada，1997）。 许多 CALL 研究人员认为，交互理论也是 CALL 研究的合适基础，其中包括 Doughty（1991）、 Liou（1994）和 Chapelle（1999）。 交互理论为 CALL 研究人员提供了研究问题、研究方法和研究第二语言学习的解释框架。 交互活动是"理想输入和交互发生的条件"（Chapelle，1999，第 5 页），这些条件反过来为该领域提供了理论和方法所需的框架。

交互理论特别适合作为基于 CMC 的 CALL 的理论基础（De，2003；González-Lloret，2003；Hampel，2003；Stockwell & Harrington，2003）。 电子邮件和聊天是常见的 CALL 应用，交互理论被认为与电子邮件和聊天具有高度相关性和价值（Aitsiselmi，1999；Fernández-Garcia & Martínez-Arbelaiz，2002；Lee，2001）。 例如，Aitsiselmi（1999）在研究教师与英语学习者之间的电子邮件交流时分析了交互活动。 她把 Krashen 的监控模型作为她的理论基础，并讨论了五个主要假设，谈到了 CALL 模型中的一些有争议的方面，但仍然肯定该模型的价值。她认为，通过以下方式，电子邮件交换符合该模式的要求：

第一，鼓励学生参与课堂活动并帮助学生克服害羞心理；

第二，提供真正的人际交流；

第三，提供真实语言输入；

第四，提供包含超出学生当前能力水平的可理解输入；

第五，偶尔让学生注意反复出现的语法错误；

第六，确保主要关注点仍然是意义而非形式。

Aitsiselmi 还强调了电子邮件对提高学生学习外语的自信心和自主学习能力的潜力。总之，Aitsiselmi（1999）借鉴了这一理论，主要有两个原因：第一，证明电子邮件交流的合理性；第二，确定了电子邮件活动的优点和缺点。这两个原因可能是在 CALL 中诉诸理论的最常见原因。

Fernández-Garcia & Martínez-Arbelaiz（2002）描述了另一个使用在线聊天的例子。他们讨论了西班牙语学习者之间进行的意义沟通。在讨论理论框架时，他们聚焦于对话者协商意义以确保理解信息。

Fernández-Garcia & Martínez-Arbelaiz（2002）的研究识别了模型所要求的谈话例程，在线聊天中的例程与面对面或离线聊天的例程有重要的区别，但也有相似之处。例如，在线聊天时表达不理解往往更加明确，并且可以通过某种书面形式来表达，而在面对面聊天时，则会用上扬的眉毛或沉默来表示。Varonis & Gass（1985）的模型提供了一种描述性工具，从而提供了一种描述聊天环境中发生的谈判例程（话语）的方法。此外，该模型提供了一种确定学习者是否已成功获得语言的方法。

交互理论的最新发展之一是对形式的关注。根据 Doughty & Williams（1998）的观点，有意义的输入和交互机会本身并不足以提高最终发展目标的语言熟练程度。他们认为，虽然交际还是以意义为中心，但是也需要偶尔关注语言形式的教学干预。

Levy & Kennedy（2004）在为意大利语学习者构建 CALL 任务的项目中体现了对形式和意义均衡关注的理念，并认为语言的形式仅在学习者执行交际任务的背景下才被考虑。换句话说，任务仍然主要是交际性的、以意义为中心的活动，但是师生偶然会关注语言形式。在这个项目中，以意义为中心的活动是给学生开音频会议，而以形式为重点的活动则是使用音频会议的录音作为一种刺激思考的方法，这一技术被称为"刺激反射"。

交互活动侧重于学习交互，该交互必然涉及两个或更多人，或人和计算机。正如 Mitchell & Myles（1998）所观察到的，交互理论仍然主要将学习视为个人的成就，"他们使用相对自主的某种内部机制，以便在互动环境中利用不同的输入数据"（第 122 页）。在接下来的两个部分中，我们转向理论视角，以不同的方式观察语言学习，主要是从社会而不是从个人的角度来看待语言学习。

二、社会文化理论

Vygotsky 认为，学习是通过社会互动而不是通过孤立的个人努力进行的，而与他人的接触是这个过程中的一个关键因素（Vygotsky，1978）。在他看来，学习首先是社会性的（交互心智层面），而后才是个体的（内在心智层面）。根据 Lantolf（1994）的观点，Vygotsky 的基本理论见解是"人类心理活动的更高形式是用象征手段调解"（p.418）。而卓越的调解工具就是语言。因此，Vygotsky 特别关注语言在认知发展和学习过程中的作用。掌握一种语言可以使学习者以新的方式思考，为理解世界提供一种认知工具。

语言作为调解的认知工具的概念是 Vygotsky 最深刻的见解之

一，这一概念源于 Engels 的理论（Haas，1996）。 Engels 认为，人类利用物质工具与环境进行互动。 通过相互作用，环境和人类都会发生变化。 Vygotsky 将这一概念扩展到语言上，特别是口语，还包括写作和其他符号系统，将它们作为心理工具，提供"更高心理功能发展的中介手段"（Haas，1996，p. 14）。 Vygotsky 对调解认知工具的理解纯粹是隐喻性的，但 Haas（1996）将这一理念扩展到了技术工具上。 她认为，"Vygotsky 的调解理论有助于我们将工具，标志和技术视为……增强人类心理功能的系统"（p. 17）。

Vygotsky 的理论过了相当长的时间后才传到西方，直到 1962 年，他的开创性著作《思想和语言》才被翻译出来。 从那时起，他的追随者在新 Vygotsky 理论、文化心理学、交际学习理论和社会文化理论的指引下发扬并扩展了他的理论（Jones & Mercer，1993）。

在社会文化理论中，教师的角色非常突出。 教师被认为是学习过程中的一个积极参与者，教师作为学生的帮助者、支持者，直到学生能够独立操作。 正如 Bruner（1985）所说，导师的作用是一种意识的替代形式。 在这方面，Vygotsky 引入了众所周知的邻近发展区（Zone of Proximal Development，ZPD）理论，该理论认为学习者从超过个人能力范围的任务中获益最多。 学习者在知识渊博且经验丰富的老师的帮助下，能够完成个人无法完成的任务。 因此，有必要发挥教师的作用，帮助学习者缩小他们可以独自完成的工作与他们在他人帮助下可以完成的工作之间的差距。 此外，部分学者在对新 Vygotsky 理论的讨论中发展了脚手架的隐喻，以研究教师在 ZPD 中与学习者一起工作的方式。 Vygotsky 框架中的另一个关键术语是微观发生，它指的是从儿童开始，通过社会/互动手段获得概念的局部的、语境化的学习过程。

正如前一段所述，社会文化理论中引入了很多新概念。 不同的研究者往往被特定的概念所吸引。 例如，Gutiérrez（2003）在一项关于协作 CALL 的研究中，着手识别微生物的实例，并探讨计算机作为中介工具的特异性。 这是 Vygotskian 理论在 CALL 中应用的一个例子。

Gutiérrez（2003）研究的问题有三个。 第一个问题涉及不同任务在课堂上支持协作工作的程度。 为了回答这个问题，Gutiérrez 通过识别和计算不同任务中每对学生产生的协作片段的数量来分析转录数据。 第二个方面涉及识别微生物活动的实例。 为了回答这个问题，她研究了与语言相关的实例和微观遗传事件。 第三个问题涉及微观发生与基于计算机的任务的特殊性之间的关系。 为了回答这个问题，Gutiérrez 比较了电子版和纸质版的任务。

特别令人感兴趣的是，社会文化理论框架及其各个方面和关键概念如何渗透、形成和构建研究者的思维。 理论和关键概念决定了研究的对象和重点，以及研究的问题和方法。

从更广泛的角度讲，Vygotsky 的理论支持语言教学和学习中使用的以下技术和方法：合作或协作学习（Light，1993；Warschauer，1995；Warschauer & Kern，2000）；教师与学生一起进行有目的的活动（Barson，1997；Jones & Mercer，1993）；在社会团体和实践社区学习（Debski，1997）。 正如 McDonell（1992）观察到的那样，Vygotsky 的理论支持协作方法和合作学习，因为它"分析了我们如何在社会中彼此嵌入"（p. 56）。 在 CALL 领域，与其他教育一样，有证据表明 Vygotsky 的社会文化理论已经并将继续发挥很强的影响力。

三、活动理论

活动理论被认为是 Vygotsky 理论的当代表述，许多学者为活动理论的发展做出了贡献，包括 Engeström（1987，1999），Leont'ev

（1981）和 Wertsch（1998）。 Engeström（1987）对 Leont'ev 的模型进行了扩展，并根据 Leont'ev 确定的三个层次上的六个要素，即对象、主体、工具、社区、规则和分工，来定义活动系统的基本结构（1978 年）。 Parks, Huot & Hamers, et al.（2003）针对 Leont'ev 的活动分析得出了一个有用的总结：

> 在开发这个模型时,Engeström 最初利用 Leont'ev 的活动分析,根据与三个等级相关的层次来定义:活动,行动和操作。在该等级的最高层,根据发起行动的个人或主体(例如教师)如何构思其潜在目的或目标来观察目标活动。在第二级,进一步明确了目标特定行动和用于实施目标的工具……第三级涉及根据现行条件实际开展的活动(对象)。虽然前两个级别处于个人的有意识控制之下,但是它们作为常规程序或对策略的操作在无意识的层面上起作用。目标活动的实际结果取决于个人如何构思及实施该活动而选择的工具(p.29)。

活动理论是一个相对复杂的理论，旨在从个体层面到更广泛的教学和社会文化背景下的不同层面上解释学习语境的显著特征。 因此，它提出了一个框架，确定活动系统作为分析的基本单位。 活动系统是一个具有相互作用和相互依赖的元素的动态网络。

Lim & Hang（2003）对这一理论的观点对信息通信技术（Information and Communications Technology, ICT）在教育中的应用的影响进行了很好的概述，特别是在学校成功融入 ICT 的这一关键问题方面。 对 Lim & Hang（2003）及其他人而言，活动理论作为一个框架的吸引力在于该理论能够解释 ICT 在教育中使用的更广泛背景这个重要因素。 这些背景因素或变量超出了其他理论的范围，因此其他理论在描述或解释它们时几乎没有帮助。 Lim &

Hang（2003）指出：

> 通过将信息和通信技术融入具体教室，与具体的学习活动联系起来，在更大的社会文化背景下，可以阐明课堂参与者为使活动取得成功所做的工作，这些活动如何得到其更大的社会文化背景的支持，以及遇到了哪些问题（第 50 页）。

活动理论也具有捕捉活动系统的动态性质和随时间改变关注点的能力。例如，某种类型的错位或失败的情况，以及被认为影响成功但不能通过其他理论解释的学习环境的显著特征。Lim & Hange（2003）描述了对信息和通信技术的看法如何从最初安装时的对象，后由于被纳入学校课程，从而转变为教学的中介工具。

Tolmie & Boyle（2000）描述了在 CMC 使用环境中应用活动理论的一个例子。在讨论维持一系列 CMC 相互作用的因素时，他们认为，用户并不一定能够很好地相互理解，尤其是在一开始，而是他们都是出于共同的目的。活动理论通过描述活动系统中的对象（个体）如何使用工具（CMC）来追求共同目的，为该理论提供了理论依据。此外，重要的是，用户过去的经历会影响对当前工作的看法。所以，在每次遇到或创建新的活动系统时，用户的知识不是重新学习的，而是从过去的经验中进行重建。正是这种知识或共同目的，维持了相互作用，而不是相互理解。

在人机交互（Human-Computer In，HCI）和反馈方面，Schulze（2003）借鉴了活动理论对活动的分析，根据活动、行动和操作这三个等级来定义。这种层次结构为 Schulze 提供了一种机制，用于识别人人和人机反馈及互动之间的重要质量差异。Schulze（2003）认为，计算机理论上可以执行所有操作，但不执行操作是因为它们不能识别操作的目的或位置（p.446）。

从本质上讲，行动是在个人有意识的控制之下发生的，而操作，被视为自动程序或策略，则是在无意识的层面上起作用。 这种区别反映了教师和计算机在与学生进行语言学习交互时提供的评估和反馈质量的根本差异。 教师在给予学生课堂反馈之前会斟酌和权衡，而计算机根据预设算法提供自动响应，该算法自动对其接收的学生输入进行操作。

Blin（2004）利用文化历史活动理论为研究 CALL 与学习者自主发展之间的关系提供了一个分析框架。 Holec（1981）将学习者自主定义为"掌握自己学习的能力"（p. 3）。 这是一个复杂的、多维度的概念，分为社会层面和个人层面（Blin，2004）。 关于学习者自主，一般在 CALL 中被描述为具有稳定的可见性（Blin，2004；Healey，1999；Kaltenböck，2001；Komori & Zimmerman，2001；Murray，1999）。 只有在最近 Blin 的研究中，才尝试了一种基于活动理论的 CALL 与自主学习的综合框架。 接下来将简要概述其主要思想。

Blin（2004）断言，活动理论可以帮助促进语言学习环境向更具建构性的协作式语言学习环境过渡。 她应用活动理论来分析因技术创新而发生变化的组织。 Blin 使用 Engeström（1987）的活动系统模型的分析框架和术语来描述语言学习活动。 通过使用活动理论的术语和框架（例如，动作、操作、对象、工具等）描述学习者参与的学习活动，Blin 表达了 CALL 与学习者自主之间的关系。 该模型具有以下作用：它提供了一种在语言学习活动中捕捉不断变化的优先次序的方法；它能显示工具和程序的作用和功能，并通过显示关键变量如何在不同的条件下影响学习者的自主性，从而更好地理解学习者自主的性质。 这样，使得自主学习的概念更加具体化，以便将来可以对其进行分析、检查，并有可能客观地对其加以衡量。

在总结活动理论对语言学习的影响时，Lantolf & Pavlenko（2001）提出，语言学习是"发展新的方式以调解我们与他人和我们自己的关系"（p. 154）。 他们得出如下结论：

总而言之,从活动理论的角度来看,并不一定是语言课堂上的所有人都有学习语言的目的,其原因在于他们在课堂上有不同的动机,因为他们有不同的学习经历和背景……从认知上看,他们并非都参与同一活动。最重要的是,是活动和意义决定了个人学习的方向(p. 148)。

这种观点强调学习者的感知,以及学习者对他们参与的活动的理解。活动理论,特别是其最新的表述,是新的理论。我们从上述提到的几个例子可以看出,CALL 从业者和研究人员正在以不同的方式利用它,特别是当他们想要通过技术使用和创新来捕捉动态系统的变化时。这种理论对于语言学习有多么实用,还有待观察。

四、建构主义

"好,坏,丑:建构主义的多面性"是 Phillips(1995)对这一主题的敏锐审视。他把建构主义比作一种世俗宗教。Phillips 用这个类比不仅强调它作为一种信仰体系而被广泛采用,而且强调其多样性和分裂,并强烈主张建构主义有许多与之相关的解释(或教派)。对建构主义的这些不同解释反映出在不同时期被用来为其提供信息的广泛的哲学和理论立场(Jordan,2004)。对于这种广义的学习观,人们有一些广泛的看法。Phillips 概括说:"人类知识……无论是各学科的公共知识的主体,还是学习者的认知结构……都是构建的。"(p. 5)Phillips 在结论中更加具体地指出,"不同的建构主义派别都强调学习者积极参与的必要性,同时承认(大多数人)学习的社会性质"(p. 11)。

Dalgarno(2001)在他的论文《建构主义的解释和计算机辅助学习的成果》中提供了对这些观点的有用解释。他根据三大原则定义了建构主义的学习观点（p. 184）：

第一，每个人都形成了自己的知识表征；

第二，人们积极探索学习；

第三，学习发生在社交环境中，学习者与同伴之间的互动是学习过程的必要部分。

对于 Dalgarno 来说，建构主义的这些基本原则已得到普遍认可，但对教学和学习的影响并不明确。他接着提出了建构主义对计算机辅助学习（Computer Assisted Learning， CAL）的三种不同解释。这些解释的重点依次是：

第一，通过超媒体、模拟和微世界等手段，在虚拟环境中鼓励学习者积极探索；

第二，直接指导，同时允许学生使用超媒体、认知工具（例如，概念映射工具）和教程系统积极构建自己的知识；

第三，在学习者的知识建构过程中与同伴和教师的社交互动及计算机支持的协作学习（Computer Supported Cooperative Learning，CSCL）工具的使用。

这些理解和对建构主义的不同的解释已经延伸到 CALL 领域（Beatty， 2003；Felix， 2002；Rüschoff & Ritter， 2001；Shin & Wastell， 2001）。在题为《用计算机构建意义》的 TESOL 期刊的特刊中，编辑们写到了认知和社会建构主义（Healey & Klinghammer， 2002）。在讨论中，他们强调学习者在学习过程中的中心地位，以及教师在创造涉及调查、讨论、协作和谈判的真实活动方面的重要性。在特刊的文章中，每位作者对建构主义思想的描述有所不同，他们列出了一些重叠的原则，这些原则是他们正在创造的建构主义 CALL 环境的基础。但是，大多数人强调学习者积极构建知识的中心地位，有时是单独的，但经常是通过协作任务，使用技术来协助完成任务的。因此，建构主义的学习观有助于理解学习的构成，如何最好地实现它，以及关于教师和学习者的角色、技术的指导方针。 在 CALL 背景下对建构主义的另一种解释，Shin & Wastell（2001）对此进行了评论："建构主义的本质是通过引导学生体验学习来激发学习，从而体验解决问题所固有的个人和主观满足感。 正是这种学习观提供了该方法论框架的教育设计哲学。"（p. 519）Vannatta & Beyerbach（2000）呼吁通过建构主义为技术在教育中的应用提供一个"技术集成的愿景"，即"各种技术和应用被用来加强产品的创造，促进解决问题，并协助探索"（p. 134）。

除了极少数例外，就理论而言，CALL 设计师和语言教师主要扮演消费者的角色。 对于那些看到理论价值的人，他们会选择和应用他人的语言学习理论。 但由于以下三个因素，使他们面临挑战。

第一个压倒一切的因素是我们生活在一种教育文化中，这种文化倾向于遵循理性主义传统和价值理论而不是实践。 我们认为，当理论应用于语言教学或设计 CALL 时，理论—实践关系问题更严重。 那些在应用教学、设计和研究三个领域工作的人从不同的背景中寻求理论，并寻求以不同的方式应用它。 对于设计者或语言教师来说，容易忽视使用理论进行设计和语言教学的相关问题。 这可能会导致过度简化或误解，或者对理论给予过多的重视。 虽然研究人员可能敏锐地意识到理论的缺点，但 CALL 设计师或语言教师不一定能意识到。

第二个因素是关于选择的，因为有许多理论可供选择。 我们认为，今天 CALL 领域的相关人员需要熟悉一些理论。 语言学习是一个复杂的过程，不同的理论关注这一过程的不同部分。 在 CALL 设计中，我们越来越多地看到，为了做出合适的设计决策，需要使用多种理论。 例如，设计师借鉴人机交互（HCI）和语言学习或第二语言习得的理论等。 在多样化的学习环境中，设计师采用多种理论观点并不奇怪，因为设计是一项复杂的多方面活动。 在语言教学中，现在不仅旨在帮助学习者获得语言的形式，而且还要帮助他们发展学习策略、学习者的自主性和跨文化能力，因此需要有更广泛的理论基础。 话虽如此，但应该指出的是，这种"理论自助餐"存在内在的危险。 有了这么多的理论，很容易找到一两个适合已经完成的 CALL 项目或计划的理论，此时要把理论变为营销工具而不是将它们作为设计过程的指南。

第三个因素也是潜在的障碍，即当理论被转化为实践时，存在理论观点只被部分传播的问题。 消费者可能误解或仅部分理解给定的理论观点，并忽略其缺点和有效应用的界限。 消费者对研究结果的理解与理论专家或直接参与理论应用和研究的人员的理解水平不同。 由于我们的流行文化，CALL 设计师或语言教师可能仍然对理论感到敬畏，这促使他们重视理论知识而不是实践知识。 当事实根本不是这样时，存在着将理论视为事实的危险。 理论的使用者可能仅从其表面特征入手，不加批判地接受理论所说的，而不理解为什么。 而且，潜在的困难不仅仅与消费者有关，研究人员自然也倾向于支持他们所使用的理论。 一般来说，研究人员是他们使用的理论的倡导者而不是批评者。 设计师，语言教师和研究人员的目标、优先事项和知识背景各不相同。 从理论来源到消费者的转移是微妙的。 正如 Ellis（1994）和 Doughty & Long（2003）等所充分认识到的那样，通过提供均衡的理论评估并向消费者提供良好的建议——关于何时何地可以自信地应用某一理论，或在何处不能应用，或在哪里可以有利地使用两种或两种以上的理论——成功地弥合了理论与实践之间的差距。

此外，我们坚信，理论不应取代源于设计师或语言教师通过仔细思考实践而获得的知识和经验积累。 然而，理论可以补充这些知识和经验，它可以使其更加切实可见，并且可以通过提供通过理论驱动的研究所形成的更精确的定义或概念来扩展它。

理论和理论发展仍然是语言学习和 CALL 中的一个目标。 无论当前的不完善之处是什么，它们都不应使我们偏离开发和使用适用于上下文的弹性理论的目标。 然而，我们也应该认识到，语言教师、设计师和研究人员的需求、背景和目标是非常不同的，这种视角上的差异导致了对主流理论模型和框架的广泛解释和使用。

第三章　终身学习视阈下的英语习得障碍探究

全球化和知识经济社会的到来，使终身学习变得无比重要，公平的终身学习机会是提高经济竞争力和实现社会融合的助推器和动力源。党的十八大和十八届三中全会做出关于"建设学习型社会""拓宽终身学习通道"的战略部署。而成人进行终身学习时，经常会选择英语作为学习内容。这种学习英语的热情出自多种动机，例如专业研究能力的需求。高水平的英语能力对于专业研究人员提升自身竞争力具有极其重要的作用。

成年学习者在英语习得过程中所面临的主要问题来自两方面：第一是社会与心理障碍；第二是英语学习过程中特定内容学习的困难，例如听力学习。英语听力学习，比口语、阅读与写作更加多元，也更加复杂。英语听力学习过程包含了多个部分：首先是短期和长期的记忆机制；其次涉及内容预测和理解；最后就是自身发音、语音分段和对相关概念的理解（Kovalenko，2003）。因此，英语听力练习便成了现代成人英语教学中的一项很重要的内容。因为完整的交流需要交流者具备相称的英语听力能力，听力能力的欠缺会让交流者在英语交流过程中产生难以逾越的鸿沟。

本章研究目标主要为：

（1）研究成年学习者在英语习得过程中可能遇到的社会、心理障碍，并提出克服办法；

（2）分析英语听力过程，探讨成人英语学习者在学习过程中面临的典型问题。

一、英语习得障碍讨论

一般认为，成人学习者学习新语言更加困难，这与实际存在偏差。 心理学家发现，人的一生从头至尾都有很强的学习潜力。 个人持续的学习对保持较高水平的心理、生理功能具有十分重要的作用，而教育则是保证成年人心理健康的关键因素之一。

成年人的记忆力和语音模仿力可能不如儿童，但是成年学习者具有高度的行动能力。 由于学习英语是他们的主动选择，他们具备获得新技能的强烈愿望，也明白通过学习这些新的技能，他们能够直接或立即进行自己的专业或社会实践，所以相比儿童，成年英语学习者的学习态度更加实际，学习更加勤勉自律。

此外，成年人的生活和专业经验更加丰富，掌握的知识技能也更多。 成年人会以一种主动的态度参与到学习过程中，通过运用自身已有的经验与知识，不论是主动或在相关教育人员的帮助下，他们能够很容易地提升自己的学习能力。 成年学习者的思维方式也更趋独立，因而更加倾向独立的学习方式（Zmeev， 2007）。

虽然成年英语学习者在动力、目标、经验及独立性上具备很大潜能，但是他们也面临诸多社会、心理方面的困难。 主要包括：

（1）害怕犯错。 许多成年英语学习者想尽善尽美，同时坚信沉默是金。 对他们而言，以为少说话便会少犯错，但也正是这点阻碍着他们在学习过程中的进步。 英语口语的提高，特别需要不怕出错、大胆开口和与人交流。

（2）在学校的英语学习过程中留下了阴影。 成年英语学习者有时会将自己的不足归咎于自己的老师，他们经常会认为学生时代上的英语课不过是为了应付考试而已，即使通过了四六级英语考试，学的还是哑巴英语。

（3）压力大，缺少学习时间。 成年人有自己的工作、家庭，同时还必须面对许多的责任，这些因素对他们的学习产生了较大的负面影响，使得教育人员很难向成年英语学习者布置家庭作业，更不能要求他们按时完成。

（4）对自身能力缺乏自信，通常表现为焦虑水平不断上升。焦虑的出现有多重原因：首先，英语教育的开销大，如和外教聊天是提高口语能力的捷径，但是外教一对一的课程一般需要 200 元/次，即使是网络视频课程，也是一笔不菲的支出；其次，家庭成员或单位领导可能对此持否定态度，同时担心自己的学习内容与实际工作岗位的需求不相符；最后，对自身能力缺乏自信，怕在新的学习环境中暴露出自己的不足（Nizkodubov & Evseeva， 2015）。

教育人员必须帮助成年英语学习者克服上述社会及心理方面的障碍。 焦虑与恐惧——尤其是对犯错的恐惧——可以通过以下方法消除：事先告知成年学习者教学内容是什么，例如课程与大纲等，同时必须阐明作为学生的他们在学习过程中的义务。 当成年英语学习者达成特定学习目标之时，教育人员也应给予一定的表扬，肯定和表扬对成年人和对儿童的激励作用是一样的。 此外，可以不定期地举行学习方法交流会。 成年人的学习时间不如在校学生充足，教育人员对成年人的学习要求可以适当降低，应更有灵活性。 由于成年人学习英语的压力比在校学生小，当英语可学可不学时，他们在学习受挫时会轻易放弃。 所以如何保持成年人的学习兴趣是教育人员需要考虑的问题。 教育人员可以尽量选择成年人感兴趣的学习内容和学习方式，帮助他们坚持学习英语。 一对一教学，尤其是一对一的网络教学，更容易让成年人放松地开口讲英语。 网络教学中，成年英语学习者的学习背景和工作背景可以保密，如果不用开视频（或者只有老师开视频，学生不需要），只使用语音聊天，成年人会更加放松，敢于开口。

成年英语学习者所面临的困难不仅局限于社会及心理两方面。

学习英语的过程中，成年学习者还会遇到各方面的困难，例如口语、阅读及写作方面的困难，但是这些困难所包含的复杂性远不及英语听力学习过程中的困难。　作为二语学习者的成年英语学习者可能会在听力学习这个复杂的过程之中产生各种问题。　在英语听力理解方面的认知困难主要分为以下三大类：

（1）成年英语学习者在听力学习活动中相伴随的各种细节问题；

（2）由英语为母语的人的发音造成的细节问题；

（3）英语国家人们的思维方式及社会文化对交际造成的困难。

听力理解主要是基于听觉进行的。　声音清晰度影响耳朵对单词或句子的感知。　当一个人接收到外界声音，其大脑内部会同时对词做出反应，在大脑内形成相应的话语。　在交谈时，若谈话者能观察对方的发音器官，言语理解过程就会简单些，例如观察对方的嘴唇、口型及面部的表情。　人们认为，视觉感知是衡量对所听到的词或句子理解程度的重要标准（Galskova & Gez，2004）。　因此，我们可以得出这样一个结论，对口头沟通的理解是和视听感知同时进行的。

由于英文特殊的音韵结构，对英语听力的理解会产生很多困难。　单个的单词发音可能和句子中的单词发音不一样，这让人在听不完整的英文时感到异常困难。　外语中有些音素汉语中没有，这也加大了理解的难度。　在真正的交谈中，由于同化、连读、弱读、重音消失和其他的一些语音现象，单词会改变发音。　当成人学习者脑海中对一个词的发音记忆和听到的发音不同，就易造成对语言的误解。

和成人相比，处于学习语言敏感期的儿童，对于语音的辨认和模仿能力更强，儿童更有可能习得标准的英语发音，但成年人学习英语即使付出很多努力，也可能带有一定的口音。　这是成年人学习英语的一大弱项。　但是在和母语为英语的外国人聊天时，带点口音的英语对外国人而言影响不大，他们只要你能表达清楚意思即可，可以包容你不会弱读、同化等。有点口音，可能反而会让外国人放慢语速，帮助你理解他的话语。但是，成人英语学习者的发音不地道，对他们听外国人讲的英语有影响。

英语不同的节奏和旋律模式也让成人英语学习者的学习变得复杂。英语是很有节奏感的语言，而且以英语为母语的人的声调可以作为一种语法标志。例如，讲英语的人可以通过改变声调来问一些一般的问题。在这种情况下，声调是次级标记，也是成人英语学习者练习听力的一个障碍。

此外，语速对成年学习者的语言感知有着重要的影响。成年英语学习者通常抱怨说英语的人语速太快，但如果他们自己以同样的语速来说英语，会感觉很自然。出现这种现象的原因是，成年英语学习者难以像以英语为母语的人一样流利地用英语表达自己的内心思想。可以这样来理解，成年英语学习者在感知英语所传递的信息时，内心语言和声音信息是相互分离的，这就导致了理解上出现偏差。而且由于这种分离，信息的内容也变得难以理解。因为成年英语学习者的英文熟练度不够，所以进行快速的英文对话是一种难以克服的障碍。快速的讲话改变了音素的质量，重音的重读减弱，甚至一些词被吞掉，一些词组的发音也发生了变化。

谈话者的信息是否直接传递给聆听者也会影响聆听者对听到语言的感知。如果说话者直接对聆听者讲话并观察对方的反应，那么在聆听者接收信息出现困难的时候，说话者可以减缓语速，给聆听者一些时间去反应，重复对方没有听到的内容，或用其他方式表达自己的意思，而且聆听者需要边听边思考如何回复，他会更加集中注意力于对英语的感知。然而当对话是传递给第三方时，那么听力理解难度就会增加，聆听者要让自己适应这种语言情况。

确定既定声音是很重要的，比如这个声音是否熟悉，是男人的还是女人的声音。一旦声音确定下来，谈话者的个人特征就清晰了，如说话的语气和用语。 当成年英语学习者习惯了男声时，清楚地理解女声的英文对话就变得相对困难。 而且，较低沉的女声对话比尖锐的女声对话更容易被理解。 因此，清晰度、强度和谈话者的性别都在很大程度上决定了英语听力理解的完整度和深度。

快节奏的独白式演讲是英语听力中的一个难点。 成年人往往无法跟上快速的信息流，因为没有时间让他们停下来想想他们听到的信息。 而在日常对话中，交际双方会有停顿的时候，来让聆听者处理接收到的信息。 所以要听懂独白的话，需要听众有好的听觉记忆（Zimnyaya，2002）。

二、克服障碍的建议

总结我们的研究，可以得出以下结论：

（1）成年英语学习者在学习英文时，面临一系列社会和心理困难。 最为明显的是以下困难：害怕犯错，在学校的英语学习过程中留下了阴影，压力大且缺少学习时间，对自身能力缺乏自信，焦虑水平不断上升。

为了帮助他们克服这些障碍，对成年人学习进行指导的教育者可以采取以下方法：提供关于培训方案、课时、职业机会、预期结果等的完整的信息；告知成年英语学习者学习英文的责任；对于一些成就和结果给予应有的赞赏；提供一个论坛，方便对信息、意见、学习方法等的交流；条件许可的话，成年人更适合匿名的一对一网上音频教学。

（2）针对听力理解的困难，建议成年人发展一些重要的听力技能。 例如，能够把所听到的信息拆成一些较小的部分；能够辨认出话语中发生音变的词汇；能分辨出具有逻辑重音的词；能理解不同语调的含义；能够区分相似发音的单词；练习适应不同的语速；能够区分男女声谈话的不同。 成年英语学习者因为缺少监督和考试，坚持英语学习需要比在校学生有更大的毅力。 可以根据自己的爱好选择喜欢的学习内容来维持学习兴趣，如通过看英语电影或者听英语歌曲，反复模仿其中的发音，自身发音的改善也有利于听力的提高。 当然，归根结底，成年英语学习者想要提高英语听力水平最重要的还是坚持不懈地精听精练。

第四章 因特网在外语教学中的应用方式评述

外语是现代人的一个重要交际工具，这早已为社会所共识。 随着中国加入 WTO，英语水平的高低将成为我们能否参与国际竞争及衡量人才的重要尺子。 信息技术也使得英语教育在教学资源、教学模式和学习交流手段方面有了许多新的变化，从而使教育观念发生了革命性的突破。 随着信息技术的发展，因特网应用已逐步普及并渗透于英语学科的教学之中，信息技术与英语教学课程的整合正在成为国内外广大英语教育工作者研究的热点。 本章论述了因特网在外语教学中的几种应用方式，如万维网、电子邮件、新闻组、邮件列表，网上多线交谈及它们各自的优缺点。

一、万维网(The World Wide Web)

万维网对于外语课堂的益处是多方面的。 Frizler（1995）列举了其几大优势：

第一，提供综合知识和真实事例；

第二，提供丰富的语言和文化素材；

第三，提供协作工作的可能性；

第四，能使用户得到最新的详尽信息；

第五，为学习者提供直观和形象的学习手段；

第六，为写作练习提供真实情景；

第七，有助于培养批判性的思维模式；

第八，培养使用者的跳读和略读能力；

第九，提供网上出版的机会。

外语教学不能仅局限于课本，外语教师需要寻找一些语言材料作为教科书的补充，而万维网的一大优点就是提供了真实的语言素材。同时，外语教师还可以利用万维网来加深学生对外国文化的了解。此外，学生可以通过浏览万维网提高跳读和略读的能力。由于网络资源的良莠参差，教师和学生需要以批判性的眼光看待网上的内容。万维网提供的网上发表的机会能激发学生的学习动机，因为学生在网上公布的作品将不仅仅面对一两个读者，而是整个世界；同时，在网上发表作品已经变得越来越容易，不一定要掌握Html 编写知识，使用如 FrontPage、Dream weaver 等工具就能轻松制作个人网站。因此，这种面向全球的写作将大大激发学生的学习热情，有助于提高学生的写作技能。

当然万维网也有其局限性，例如，它不能促进学生之间的交互。尽管网页包含着交互性的因素，如超级链接、Java 的应用，但其交互程度是有限的。而且在上网高峰期打开网页的速度较慢。对此，一个有效的解决方法是事先把网页下载到校园网上。

对于外语教师来说，万维网的资源可以分为两类：外语教学网址和非外语教学网址。当前有许多网站为外语教师和学习者服务，有的网站重在提高外语学习者的听力、阅读和写作技能，有的网站提供外语教学方面的参考资料，如在线外语字典及有关外语教学的电子杂志。然而，正如 British Council（1996）指出，网上的外语教学资料常常重形式轻内容。多数外语教学网站是由个人制作的，尽管这些网站通常制作精美，可它们对于外语教学的贡献是有限的。现在有些专业性的外语组织也开始制作主页，但总的说来，能为外语课堂提供交互活动及有用的辅助材料的外语教学网站仍不多。

现在，其实一些非外语教学网站也能为外语教师和学习者提供有趣且有价值的材料。"它们涵盖领域广，紧跟时事，内容真实，所以对于准备练习材料及设计课堂活动都很有价值。"（British Council，1996）

网络对于外语教学将日益重要，它的一大优势是使用便利，通过浏览器能方便地获取所需资料。万维网正从相对静态的资源发展为互动、动态的媒体，凭借无数真实的材料和日益增多的优秀外语网站，其对于外语教师和学习者的价值是无法衡量的。

二、电子邮件（E-mail）

由于电子邮件使人们能方便快捷地和世界各地的人交际，它的使用频率不亚于网页浏览。电子邮件对于外语课堂也是一种特别有用的工具，本部分将论述其在外语教学中的应用。

Belisle（1996）提出了几个理由来证明电子邮件应用于外语教学是有益的。首先，通过使用电子邮件，学生熟悉了一种 21 世纪重要的交际手段。电子邮件将很可能代替传统的交际工具，如传真、普通邮件、电话等。其次，教师和学生的联系不再局限于课堂时间，他们可以在任何方便的时候进行沟通。教师能通过电子邮件提供书面的反馈，而这种反馈对学生是很重要的（Zamel，1981）。电子邮件支持外语教学中两种重要的反馈功能：强化和通知（Lee，1998）。另外，通过使用电子邮件，学生有更多的写作练习机会。"电子文档比传统的钢笔和铅笔书写更容易修改，拭除"（Belisle，1996）。写作是一个过程，即使最好的作家也不可能第一稿就写得完美。Belisle（1996）提到的电子邮件的最后一个优点是，学生有了一个发表观点和提问的论坛。有的学生比较害羞，不习惯参与小组讨论，他们更适合用笔交流。

　　Warschauer（1995）提出了使用电子邮件的另一个优点，即外语教学的最终目的是交际，而外语课堂缺乏足够的用外语进行真实交际的环境，电子邮件给学生提供了很好的真实自然的交际机会。有人可能有异议，关于这一点传统的邮件也能做到。然而，正如 Hagen & Knudsen（1998）所说，两者的区别在于信息传递的速度。电子邮件是即时的，能激发学生的写信热情，笔友活动成功的因素之一就是学生及时快速的回信，而且电子邮件的应用不仅仅局限于笔友活动。

　　上文提到，电子邮件可以用作外语教学的工具和师生交流的手段，在这两种情况下，它具有许多教学上的优势。如 Kroonenburg（1994，1995）指出，使用电子邮件提高了学生的写作技能、阅读理解能力和思维能力，学生处在真实的交际环境中，因而学习动机大大增强。另外，使用电子邮件有益于加强师生关系，因为它消除了时间和空间的限制，并能让学生得到直接立即的反应（Frizler，1995）。因此电子邮件不仅是外语课堂的有用工具，而且在整个教学环境中都是有益的。

　　以下是电子邮件在外语课堂上的几种应用方式：

　　第一，它可以用作促进师生交流的工具。这是电子邮件在教学中最基本的用法，它可以提高师生交流的频度，例如，学生可以用电子邮件提问和回答问题，以及用邮件发送学习日志等；教师可以用电子邮件布置作业；有时学生也会互相用邮件发送课堂笔记。尽管这些活动有的是用母语写作的，而且涉及的问题可能比较琐碎，但至少学生学会并习惯了使用电子邮件。

　　第二，使用电子邮件开展笔友活动。这似乎是个简单的活动，但教师应事先考虑到学生的外语程度，对于程度是初级或中级的学生，最好指导他们结交所用的外语不是他们母语的笔友，因为外语是母语的人可能对掌握外语技能很有限的学生感到厌烦。通信内容可以适当安排，这样学生能在写信时练习学过的语言知识。如果学生的外语程度是高级，那么和英语是本族语的人通信是非常理想的、学生将得到真实的英语材料，通信双方都能从中获益。 另外，教师应让学生明确他们该干什么。 例如，教师可以提出写作的主题。 通信初期，可让学生谈谈姓名、住址、家庭、朋友、兴趣、宠物、学校等，当双方有一定了解以后，可以用电子邮件交流文化，探讨两种文化间的差异。 教师还应检查学生信件中是否存在语法和拼写错误。

在网上能找到许多关于笔友活动的网址，学生可以先注册，然后挑选与自己志趣相投的人作笔友。 当然，最好是与英语国家的某一个班级合作。 如 Hagen & Knudsen（1998）指出，通信双方年龄相仿、通信的两个班级人数接近有助于交流的成功。

除了笔友活动，还有许多适用于外语课堂的电子邮件活动，有的甚至不用上因特网就能开展。 Belisle（1996）介绍了以下几种能在 45 分钟课堂中开展的电子邮件活动，它们都要求学生用外语写作。

第一，实时师生对话。 这个活动可以在第一次向学生介绍电子邮件时使用。 教师先给班级分组，然后发消息给各组（提出简单的问题，如 "What is your favorite food？"）。 学生打开电子信箱后，答复问题并寄回给老师。 教师立即对学生的回答做出反馈，并提出新的问题。

第二，交互性写作活动。 两个学生合作写一份研究计划，但他们只能使用电子邮件交流。 教师通过接受全部通信的副本进行监控。

第三，修改文章。 教师把包含几处错误的一篇文章发给每个小组。 学生纠正错误并寄回，如果他们未能找出全部错误，教师把文章寄回给学生，直到文章被修改完美为止。

第四，故事或句子接龙。 要求学生在原有故事或句子的基础上增添一段故事或句子，然后转寄给其他同学。 这个简单的活动对于中等程度学生，能强化他们的语法知识；对于掌握程度较高的学生，有助于培养他们的高级写作技能，如语篇的衔接和连贯。

第五，文章排序。 教师发给学生打乱句子顺序的文章，学生通过粘贴和复制对文章重新排序，并寄回给老师。

第六，完型填空。 教师发给学生的文章中缺少部分单词，要求学生补全。 教师对学生寄回的作业进行检查，如有错，再寄回重做。 这个活动能用来测试学生的词汇量和强化一些词汇（如形容词、冠词）的用法。

还有不少其他的使用电子邮件的活动，它们的共同点是促使学生写作。 电子邮件活动与传统教学活动的区别在于，学生是在为真实存在的读者写作而不仅仅是写给老师，学生的写作动机被大大激发，写作成了乐趣而不再是令人生厌的活动。

三、新闻组(Usenet)

British Council（1996）指出，"新闻组是观点类似的人交流意见和建议的免费场所"。 新闻组是世界范围的论坛，涵盖的主题很广，几乎每个人都能从中找到可谈的话题，而且人们可以在其中得到各个领域的专家的帮助。 另外，不同于邮件列表，新闻组的消息不占用使用者的电脑硬盘。 使用新闻组也比保存电子邮件副本节省空间。

但新闻组也有消极的一面。 它的讨论深度不及严肃的学院论坛（LeLoup & Ponterio， 1995），任何人可以在任何时间参加讨论，这容易导致对发言缺乏责任感；有的新闻组涉及色情；新网民常在新闻组上发表大量不合适或不切题的帖子；新闻组中存在不少垃圾帖（如广告）。

虽然如此，新闻组对于英语教学仍是很有帮助的。 英语教师可以在合适的新闻组中获取别人的教学经验、建议、专业知识等。 学生能通过新闻组与世界各地的其他学生交流。 开始阶段，学生可以跟别人的帖，熟悉以后自己发帖，等别人回应。 这样学生能接触到真实的英语材料，并能对自己感兴趣的主题了解得更多。 教师应给学生推荐合适的新闻组，并指导、监督学生的跟帖和发帖。

四、邮件列表（Mailing lists）

邮件列表是因特网上的一种重要工具，用于各种群体之间的信息交流和信息发布。 邮件列表具有传播范围广的特点，可以向因特网上的数十万个用户迅速传递消息，传递的方式可以是主持人发言、自由讨论和授权发言人发言等。 邮件列表具有使用简单方便的特点，只要能够使用电子邮件，就可以使用邮件列表。

邮件列表的使用范围很广，如电子杂志（可以主办自己的电子杂志，通过邮件列表的方式，向数十万用户同时发送）、Web 站点（主页更新、信息反馈）、组织和俱乐部（吸引新用户加入、提供成员之间的交流工具）、同学和亲友（保持快速、方便的联系）新闻的发布。 当然，还可以订阅其他人建立的邮件列表，最常见的是电子杂志，从中获取自己感兴趣的信息，同时可以参与讨论。 应用邮件列表的讨论与常规的辩论不同，邮件列表不论性别、种族、职业，给每个人参与辩论的机会，并不受时间限制，最重要的是所有服务都是免费、开放的。

另外，邮件列表也有不足之处。 第一，订阅邮件列表后可能会收到大量信息，从而使得个人的电子邮箱不堪重负，而且阅读全部的邮件列表也是一项繁重的工作。 第二，邮件列表的质量参差不齐。

邮件列表的类型分为公开、封闭、管制三种：

第一，公开：任何人都可以在列表中发表信件，如公开的讨论组、论坛等。

第二，封闭：只有邮件列表里的成员才能发表信件，如同学通信、技术讨论等。

第三，管制：只有经过邮件列表管理者批准的信件才能发表，如产品信息、电子杂志的发布等。

LeLoup & Ponterio（1995）对邮件列表做了如下分类：

第一，讨论性列表，即列表讨论某个主题。 如外语教学论坛[Foreign Language Teaching Forum（http：//www. cortland. edu/flteach/）]，开展关于外语教学方法、师资教育、课程设计等主题的讨论。

第二，服务性列表，发布关于某个主题的信息。 如 LLTI（Language Learning and Technology International），它发布与语言教学方法有关的各种信息。

网络上有不少与外语教学有关的邮件列表，它们提供了没有竞争性的讨论和交流的论坛（British Council，1996）。 英语教师既可以参加正在进行的讨论，也可以只是阅读别人的邮件列表。 此外，学生订阅邮件列表也是可行的。 普通的笔友活动的一个缺点是学生有时收不到回复，但有一种特殊的邮件列表，即学生列表（Student Lists，SL），其就是用来克服这一问题的。 通过学生列表，学生可以接触到比通过电子邮件获得的笔友多得多的通信者。然而，多数的外语教学邮件列表只是为外语教师而不是学生服务的。

五、实时交流

尽管电子邮件、新闻组、邮件列表都是交流手段，然而这些交流是不同步的。 例如，邮件列表并不适合进行实时讨论；电子邮件尽管发送和接收的速度很快，但即使是好的服务器，也有可能使电子邮件的传送延误 2—10 分钟。 随着软件技术的发展，网上已出现了实时交流工具。

在线聊天系统（Internet Relay Chatting， IRC）既给讲本族语者提供了丰富的互相交流机会，也对英语教学很有益处，尤其对英语掌握程度较高的学生有益。 与世界各地的人在线聊天，这对于许多学生来说，都是很有吸引力的。 究其原因，可能是由于在线聊天比电子邮件更即时；此外，在线聊天是匿名的，所以使用者发表观点时顾虑较小，这点对于害羞的学生尤其有利，使得他们能自由表达意见。

然而，在线聊天系统存在着固有的无常性（Haworth，1995）。 在线聊天系统是匿名的，因此每次在在线聊天系统上的谈话都具有不可预知性。 交流的质量很大程度上取决于学生当时的状态是否放松，以及他们的对话者是否友好。 尽管如此，在线聊天还是值得提倡的，教师可以组织学生和英语国家的某个班级合作，进行实时交谈。

在线聊天系统不是在线聊天的惟一工具。 ICQ（I seek you）和美国在线服务公司（AOL）的 Instant Messenger 与在线聊天系统的功能不相上下。 另外还有可视聊天，但想在视频聊天室发送自己的视频必须自己具备摄像头或其他视频输入设备且需要一定的带宽。随着应用软件的发展，实时交流也会走进更多的外语课堂。

网上实时交流不能代替人们面对面的交流，不过，在线聊天系统能向学生提供真实的交际环境，以及利用学过的知识进行交互活动的机会。 它能激发学生的学习兴趣，有利于学生英语口语技能的发展。 在线聊天是写和说两种活动的综合。 一方面，它是即时的口头交流；另一方面，它给学生几秒钟时间考虑如何表达自己的观点。 因此，在线聊天是面对面交谈的很有用的辅助手段。

因特网提供的交际机会可能是最令英语教师感兴趣的。 今天的英语教学，培养学生的交际能力是主要目标，但由于受到课堂条件的限制，即使是最好的英语教师也难以保证每个学生都能参加课堂上的交际活动。

而因特网的一个重要特点是，能让志趣相投的人相互交流，最好的例子是电子邮件。 电子邮件使学生可以与其他的英语学习者或英语为本族语者交流；而且电子邮件缩短了师生距离，因为学生可以利用电子邮件在课外向老师请教。 其他的因特网设施，如新闻组、邮件列表，可以用作论坛及英语教师自身发展的工具，因为它们具有会议的功能，提供实时通信及个人活跃参与的机会；学生也可使用这两个工具，但如在课堂上应用，不如电子邮件简便。

然而，现在学生通过因特网进行交流的对象多数不是英美国家人士；另外，英语教师难以对学生的网上活动进行监控和指导。 因此，让学生利用因特网学习英语不能等同于课堂教学。 这个领域还有许多问题值得探讨。 不过，毋庸置疑的是，如果合理加以应用，因特网对帮助学生用英语交流是非常有益的。

第五章　英语教学中的技术与动机

技术的进步使英语教师和英语学习者更容易在真实的输入和与世界各地的英语母语和非母语者交流方面获得广泛的资源。从计算机辅助语言学习（CALL）的初期起，人们讨论了技术如何在激励学习者学习语言（Warschauer，1996）中发挥作用，随着技术变得越来越复杂、课堂内外技术的越来越广泛使用，英语学习者使用技术的动机不断增强。

正如Drnyei（1999）所指出的那样，"动机是应用语言学乃至整个教育心理学中最难以捉摸的概念之一"（p.525）。在过去的半个多世纪里，人们对语言学习的动机进行了大量的讨论，但在过去的几年里，人们对学习动机又产生了新的兴趣，最近出现了一些书籍（Dörnyei & Ushioda，2009；2011；Murray，Gao & Lamb，2011），证明了它的重要性。在语言学习环境中引入和使用技术的理由往往是增强学习动机，但动机与技术之间的关系是什么性质呢？使用技术学习第二语言的动机有哪些特点？为了解决这些问题，需要研究CALL，以及它如何不仅在学习过程中，而且在技术的选择和使用方面明确或含蓄地提及动机。显然，对CALL的研究是非常广泛的，但是关于语言教师为什么使用CALL，以及技术如何帮助学习者建立和保持他们学习英语的动机的研究并不多。

因此，本章将探讨如何在英语课堂上使用技术，以及如何将这些技术的使用与动机联系起来。首先关注与技术和动机相关的一般问题，包括对使用技术的内在动机的简要讨论；其次从教师和学习者的角度考虑使用技术的动机问题；最后概述已经成为英语教学中的交流技术，以及这些技术如何影响动机。 这包括通过博客和社交网络工具（Lee，2009）为真正的受众撰写文章，以及获得匿名的潜在好处，这些好处可以在虚拟世界等不同类型的通信工具中获得（Deutschmann，Panichi & Molka-danielsen，2009）。 本章还对语言学习的移动技术进行了研究，并探讨了私人空间和学习空间的概念（Stockwell，2010）。 本章最后讨论了与使用技术进行英语学习相关的本地和全球问题，以及技术较发达地区和技术较不发达地区的技术对学习动机的影响。

一、技术的内在激励效应

技术在教育中的内在激励效应问题并不新鲜。 长期以来，教师们一直认为，在语言学习环境中引入新技术具有提高学习者学习动机的潜力。 使用一种新技术能带来新奇效应（Fox，1988），这种说法的依据是计算机辅助教学允许更个性化的教学，并为学习者快速、非判断性的反馈提供了机会（Warschauer，1996）。 虽然早期的研究大多来自普通教育环境，并不是特别注重对第二语言的学习，但以操练为主的词汇和语法活动在当时意味着它与基于计算机的语言学习活动保持了相关性。 然而，网络技术的发展使语言教育具有一些不同的性质，出现了这样的环境：学生不必独自工作或在独立的机器上分组工作，而是可以与教师或其他学生联系起来，从而增加交流的潜在机会。 最初，这仅限于单个教室内的同步交换（Kelm，1992），但不久之后，就有一些研究对出现的新工具进行了调查，例如电子邮件（Warschauer，1995）、在线聊天系统（Hudson & Bruckman，2002）和基于文本的虚拟世界 Moos（面向对象的多用户环境）（Shield，2003）。 除了能在课堂内外与更广泛的对话者互动之外，网络交流工具还通过与真正的听众或读者互动来增强动机（Hoffman，1994），并通过更多的匿名交流减少焦虑（Beauvois，1995）。此外，学习者表示，他们可以感觉到自己是属于一个共同体的，并克服了孤立，他们可以了解不同的人和文化（Warschauer，1996），所有这些都被认为能增强动机。上述技术构成了今天使用的大多数技术的基础，不过目前对语言学习的通信技术的研究呈现出一种不一样的倾向，已不能简单化地把任务参与等同于动机。

再回到技术固有的动机效应问题上，必须考虑技术激励学生学习语言这一观点背后的原因。早些时候的研究提到了通过技术学习的一种新奇效应（Murray，1998）。根据这一结果，最初使用一种新技术的热情被比作一个拥有新玩具的儿童。学习者最初是被一种他们不熟悉的方法吸引，来使用所谓的"铃铛和口哨"，但这种吸引力的长期效果如何呢？在回答这一问题时，考虑一下这一问题早期研究的背景是有帮助的。20 世纪 90 年代初，台式计算机（当时大多数学习者使用台式机）在很大程度上仍然令学习外语的学生望而却步，许多学习者只能在教育环境中接触这些计算机。但这往往是在上课时间和老师的监督下进行的，学习者能够花在计算机上的时间往往是相当短的。在许多情况下，都是学生两人一组或者更多人使用一台电脑。在当时，计算机的功能远弱于今天，可以使用计算机的数量相对有限的情况下，学习者很快就意识到他们能够做什么和不能做什么，动机根据他们的期望得到满足的程度而减弱。

如果我们将当时的这种情况与现在比较，就会发现，在技术学习的早期，教师对技术的控制是绝对的（即学生主要是在教室里学习，只做老师说的事），也掌控通过技术学习哪些技能和知识。不用说，今天的学习者对他们使用的技术和他们使用这些技术的方式更有辨识能力。大多数年轻的成年学习者在技术上非常精通，至少就计算机、移动电话和电子邮件等主流技术而言是如此

（Kennedy，Judd & Gray，et al.，2008）。 研究表明，在一些国家，技术拥有率很高，例如 98.5％的美国大学生拥有计算机（Winke & Goertler，2008），100％的日本大学生拥有手机（Stockwell，2008）。 这些数据意味着绝大多数学习者视技术为一种日常自然拥有和使用的东西，因此，除非一项新技术符合或超过他们在日常生活中使用技术方面的经验，否则他们不大可能会对新技术印象深刻。 由此可以得出的结论是，如果技术本身具有内在的激励作用，这种效果可能会相对较短，当然也不足以进行任何有意义的语言学习。

关于持续使用技术，研究结果好坏参半，但它们普遍表明，与课外学生自主运用技术相比，确保学习者在受监督的条件下更容易使他们继续积极地参与使用技术的活动。 在对学生的英语电子邮件笔友活动的检查中，Appel & Mullen（2002）发现，在课堂环境之外写电子邮件的学生，随着时间的推移，发送的信息比上课期间写邮件的学生要少得多，甚至许多学生完全停止了发送信息，只有非常有动机的学生继续交流，直到项目结束。 尽管学习者使用的是同样的技术，但课外使用技术的学生比在课堂上进行活动的学生更不可能保持他们继续交流的动机。 这清楚地提醒人们，不是技术激发学习者学习的动力，而是技术使用的方式和背景。

还应该指出的是，虽然教师期望学习者在课堂和课外环境中继续以同样的方式进行交流，但现实情况是，除非立即对他们施加持续的压力，否则学习者不会这样做。 在这种情况下，我们可以想象到，教师会因为预期对他们的语言学习有好处而决定要求学生进行交流，而学习者也会意识到这一点。 那么，为什么学习者没有在课堂之外继续交流呢？ 可以设想，教师对学习者的期望与学习者如何看待他们被要求做的活动之间最终会有差异。 如果是这样的话，在采用一种技术来学习一门语言时，当教师对使用什么技术和如何使用这种技术的看法与学习者的观点之间存在差距时，就会出现问题。

二、使用技术的动机

是什么促使教师和学生使用技术进行语言学习？ 正如上文所提到的，虽然获得第二语言学习的成功这个最终目标可能为教师和学习者所共有，但确实还有许多其他因素在发挥作用。 在使用技术进行语言教学时，至少有三个主要考虑因素：

第一，教师主动使用和继续使用技术的动机；

第二，学习者使用并继续使用技术的动机；

第三，技术是否支持或如何加强学习者学习语言的动机。

每个因素都取决于教师和学习者的背景和经验，以及学习环境的具体特征。 所有这些因素结合在一起形成语言学习环境。 语言学习产生的语境对学习者和教师如何选择和认同技术有着重要的影响。 构成背景的各种复杂因素存在于个体、机构和社会层面，每个因素都与其他因素相互作用，以构建教师和学习者的个体环境（Stockwell，2012 年）。 教师和学习者使用技术的动机就是这种复杂环境的产物。

（一）教师视角

为什么教师会选择在他们的语言教学环境中采用技术有几个原因。 从广义上讲，教师可能会因为来自外部的压力而选择使用技术，或者，他们可能出于自我动机使用它，试图为他们的语言学习环境添砖加瓦（Levy & Stockwell， 2006）。 无论动机是外部发起的还是内部自发的，都将对使用何种技术、如何看待和使用这些技术，甚至对使用多久产生重要影响。 外部压力总是来自教师所在的学校或机构，往往是由于引进了新技术。 例如 CALL 实验室、课程管理系统或笔记本电脑，这些往往花费昂贵，管理机构寄希望于看到昂贵的支出能有成效。 另外，招聘英语教师时，许多招聘说明要求应聘人员具备计算机技能，教师认为自己必须在教学时使用技术才能保持竞争力（Kessler，2006）。 在这种情况下，我们很容易想象，老师其实可能是不愿在课堂上使用技术的人，是一个对技术有压力的新手，因为有使用技术的压力才不得已而为之。 在实施教育技术方面取得的成功往往是多种多样的，可能是多种因素促成的，但教师往往很难引进新技术，特别是他们在没有支持的情况下试图引进技术（Stockwell，2009）。 他们继续使用该技术的动机往往是压力对他们造成的直接结果。 在许多情况下，他们对技术的实践程度仍然有限。 Ertmer（2005）发现，在教学环境中被要求使用技术的教师仅限于低层次的任务，如文字处理和互联网搜索等，他们对技术的使用与他们对技术用途的基本信念直接相关。 也就是说，为了开始使用和长期使用技术，教师既需要得到支持，也需要亲自了解技术如何在他们所处的特定环境中发挥作用。

相比之下，具有内在动机的教师往往具有与外部动机驱动的教师不同的特点，他们分为两大类：一是希望改变环境并认为技术可以帮助他们实现这一目标的教师，二是对特定技术感兴趣并希望在教学环境中使用它们的教师。 例如，使用超媒体结构来改进语言学习结构（Hemard，2006），引进信息和通信技术（ICTs）以促进互动（Puerto & Gamboa，2009），或使用 CMS 加强自主性（Sanprasert，2010）。 在以上每一个例子中，教师都明确表示使用技术对提高学习者的学习动机有积极作用。 对某一特定技术感兴趣的教师往往会好奇这些技术在他们的教学环境中是否有效。 这可能是他们自己开发的某种系统（Baturay，Dalaglu & Yildirim，2010），也可能是一种新兴技术，如"Second Life"（第二人生）（Peterson，2010）。 在任何一种情况下，使用技术的动机都是出于好奇，继续使用该技术的时间往往取决于项目的长短，或者使用到该技术不再受欢迎为止。

Drnyei & Ushioda（2011）确定了与教师动机有关的主要因素：它有一个核心的内在组成部分，与背景因素相关，随时间而变化。将这与技术使用联系起来，潜在的相关性便会立即显现。例如，当教师看到学习者表现积极或由于运用技术而取得预期的学习成果时，可能有助于激励他们继续使用这种技术。如果教师感到工作过度或工作得不到赏识，他们可能会在保持动机方面遇到困难。因此，如果教师认为很难成为技术的合格使用者，或者缺乏培训或支持，那么使用技术的动机就会大大减弱（Pelgrum，2001）。大多数教师，像许多专业人士一样，觉得有必要随着时间的推移而在他们的职业生涯中取得进步。如果技术能够为晋升或其他专业发展提供一种手段，那么使用它的动机自然会更强。但是，教师动机可能受到一系列其他因素的负面影响，例如教学工作的压力、教师自主性的抑制（即在教学中缺乏表达个性的自由）、培训不足、重复性和职业结构不健全（Dornyei & Ushioda，2011）。总之，当教师决定引入技术时，他们需要考虑一系列的因素，这些因素会超越课堂环境。教师需要面对来自学校、机构的压力，教师也有自己的个人目标，各种因素结合起来决定了教师在语言教学环境中使用技术的动机。

（二）学习者视角

如上所述，关于技术使用和学习者动机的讨论主要围绕两个方面展开：学习者在语言学习中使用技术的动机，技术使用与语言学习动机之间的关系。这两个因素（以及教师的动机）不是相互排斥的，我们可以看到，它们之间实际上存在着一种双边关系。使用一种技术的动机可以很好地引导学习者发展学习外语的动机（虽然不太可能自然而然地转化）；相反，持续的学习外语的动机可能会增强使用技术的愿望。例如，对 Skype 感兴趣的学习者可能会发现，这个工具允许他们与世界各地其他语言的使用者进行互动。虽然他们以前可能对学习某一特定语言没有兴趣，但随后会发现，通过与他人互动，他们希望与该种语言的使用者建立联系，并以该语言与他们交谈。 在这种情况下，虽然语言学习不是主要目的，但随着时间的推移，它会由于使用了某种技术而发展起来。 相反，已经有很强的学习外语动机的学习者可能正在寻找其他途径，以增加他们与目标语言使用者互动的机会。 他们加入了诸如"Second Life"这样的网络社区，在那里，他们能够与以英语为母语的人交谈。 这两种情况，虽然有不同的出发点，但最终两种学习者都使用技术来改进他们的目标语言。

学习者可能有使用技术的动机，那么学习者使用技术的动机是如何持续的？ 学习者可以通过两种方式持续使用技术进行语言学习：语言学习可以采取由教师指导课程的形式，也可以是学习者自发地根据自己的意愿使用技术。 在课堂上，教师能更容易地监督学习者，以确保他们能持续学习，并按预期完成学习任务（Appel & Mullen，2002）。 但是，当教师不在场时，会发生什么就不那么确定了。 Jung（2011）在一项针对韩国在线英语学习课程的学习者的研究中发现，影响英语学习的最重要的一个因素是互动，主要是与课程中的其他学生互动，其次是与教师的交流。 学习者重视异步和同步在线交互的机会，这表明他们需要在有空时自由地与其他人联系，并答复即时需求。 学习者认为支持也是一个关键因素，但在许多电子学习环境中，这是经常欠缺的。 选择使用技术进行自主语言学习的学习者在选择技术时倾向于采用不同的标准。 Lai & Gu（2011）表示，在一项针对中国香港大学生学习多种外语的研究中发现，如果学生在语言学习中设定了明确的目标，对技术感到熟悉，掌握了足够多的语言技能，他们就更有可能使用社交网站（如Facebook）。 许多学习者对在网上与他人互动持谨慎态度，他们选择只向他们信任的人提供私人信息，但一旦他们与在线对话者建立了良好的关系，他们就更有可能保持互动。 因此，虽然明确的学习目标确实有助于学习者做出参与在线互动的决定，但人际关系的发展是持续使用这些技术的决定性因素。

技术维持学习者学习一门语言的动机的潜能是什么？Warschauer（1996）指出，使用计算机在网上写论文的学生认为，他们能够更好地、更独立地学习，对学习有更好的控制，有更多的机会练习英语，这最终使得他们写出更好、更有创造性的文章。网络写作是怎么让学习者产生这种感觉的？其中一个关键点是他们能够与真实的人互动，有真实的情境，而不像在课堂上进行的简单任务。当学习者能够清楚地看到他们在语言课堂上学到的内容可以用在和真实的人的交流中时，他们就会感觉到一种成就感和自信心，而这会导致更强的动机。与此相关的一种观念是，为满足不同学习者的风格、兴趣和技能水平而设计的技术可以产生持续的学习动机（Strambi & Bouvet，2003）。语言学习系统能够跟踪学习者的进展情况，并对他们所取得的成就提供反馈，这样就可以更容易地看到他们是如何进步的。学生在课堂上取得的进展有时可能没被注意到，但具有记录和保存功能的英语学习软件系统可以让学习者了解他们所学到的知识和仍然需要学习的东西，这可以提高学生的学习动机，以保持他们学习语言的积极性。

相关文献还揭示了使用技术可能产生不利影响，导致动机下降的情况。Chen & Cheng（2008）在中国台湾的写作课上考察了英语学习者，他们被要求使用自动写作评估软件来帮助他们在课堂上写作。他们发现，在没有教师干预的情况下使用该系统时，学习者会感到沮丧，最终形成了对写作系统的负面看法。Castellano，Mynard & Rubesch（2011）要求学习者在课堂上进行网络搜索，但最终得出的结论是，当要求学习者在互联网上筛选真实的目标语言信息时，他们被大量的信息淹没，无法按预期完成任务。上述研究说明了在课堂上使用技术的潜在缺陷，并为我们提供了一些建议，以避免无意中减弱学习者使用技术的动机。在第一种情况下，学习者缺乏能够在问题出现时自行处理的技能，需要老师帮助，但没有得到帮助。 在第二种情况下，学生的语言熟练程度不足以完成分配给他们的任务。 这告诉我们，最重要的是，教师需要意识到学习者目前掌握的技术和语言方面的能力，并且必须注意选择适合他们的任务。 此外，它还告诉我们，在期望学习者在没有监督的情况下学习之前，需要有足够的时间对他们进行培训，以确保他们能够在困难出现时处理问题。

三、语言教学中的技术

在过去的十年里，社会上出现了大量的新技术。 教师在适应教育新技术时速度相对较快，这对语言学习环境产生了巨大的影响。本部分讨论计算机辅助语言教学中的一些主流技术。 前两项技术，即通信技术和社会技术，专门研究学习者与教师、其他学生和更广泛的社区之间互动的工具。 最后一种是移动技术，考虑学习者如何利用他们随身携带的工具来增加他们的语言学习机会。 近年来，通信技术和社交技术也通过移动技术被使用，特别是在智能手机和平板电脑中，但下面的讨论保持了一种更通用的观点，适用于移动和非移动环境。

(一)通信技术

在用于语言教学的各种技术中，通信技术占据了中心地位，其中一些已经存在了很长一段时间，比如电子邮件和在线聊天。 早期对电子邮件等沟通工具的研究主要涉及语言技能，如词汇和语法，这些技能可以通过与以英语为母语的人的互动获得。 最近的研究着眼于如何开发更广泛的学习者属性。 Fisher, Evans & Esch (2007) 通过调查法语和英语学习者如何使用电子公告板系统

（Bulletin Board System，BBS）与以这两种语言为母语的人进行互动发现，学习者不仅在没有老师干预的情况下继续互动，而且会模仿问候的格式，提出语言问题，用目的语表达，以鼓励尽可能多的人回答他们在 BBS 上提出问题。

带宽的增加促进了对其他通信工具的使用，这些工具在语言教学环境中也得到了应用。如视频工具在安装方面相对简单，它们为用户提供了非常清晰的图像和声音。Jauregi，Degraff & Van，et al.（2012）发现，荷兰语初学者和中级学习者使用系统 Adobe-Connect 的动机是能够看到并与以荷兰语为母语的伙伴进行口头交流。当交流成功时，他们都表示获得了成就感。然而，在这项研究中需要注意的是，学习者是与有经验的对话者互动，他们运用特定的策略来鼓励学习者的互动。因此，研究人员采取的立场、选择的实验对象无疑对确保该项目的成功很重要。

（二）社交技术

在过去的几年里，社交技术可能是最引人注目的技术之一，包括从简单的技术，如博客和 Wiki，到人人网、微信等更复杂的技术。鉴于关于动机的理论试图研究学习者如何看待自己、他们与社会的关系及他们未来的目标（Ushioda，2011），社交技术似乎处于帮助学习者实现其语言学习目标的重要地位。事实上，人们已经写了很多关于这些社交工具的潜在优势的文章，其中的优势包括这些工具使学习者能够将他们的听众从相对有限的课堂或预先确定的群体转移到更广泛的社区。像人人网这样的新技术被认为是通过他们创建的人际网络来增强动机的，但是在当时还很少有实际的研究。除了与真实受众互动所带来的动机提升外，还与提高自主性相关（例如，博客）。Pinkman（2005）发现，日本的英语学习者愿意自发地在自己的博客上发表文章，并回复他人的评论，即使评论是负面的。而 Bhattacharya & Chauhan（2010）的研究结论是，通过博客写作，学习者能够更好地对学习策略承担责任，并且随着时间的推移，他们获得了更大程度的独立性。 Kessler（2009）的研究表明，Wikis 得到了教师和学习者的积极响应，学生主动关注形式，不仅对 Wikis 进行了修改，还对课堂上其他学生的文章进行了更正。 因为学生有意愿承担起产生和纠正语言输出的责任。 Wikis 也是一种社会软件。 在博客上，个人可以发表他们的观点。 Wikis 则相对集中于通过一个专业的社区来实现网站编制和经常性的编辑，也就是说，不仅可以在网站上粘贴材料还可以随意编辑。

除了这些类型的站点之外，学习者还可以在虚拟世界［也称为多用户虚拟环境（Multi-User Virtual Environments，MUVEs）］中互动，如在美国非常受欢迎的网络虚拟游戏 Second Life 中，和与 MUVEs 学习相关的一些好处包括匿名、躲在角色背后和增加参与度（Deutschmann，Panichi & Molka-Danielsen，2009）。 虽然许多学习者在早期阶段经历了技术困难（Peterson，2010），但学习者对通过这些环境进行互动的看法是非常积极的。 与其他社交技术一样，参与 MUVEs 也被认为有助于学习者的自主学习。 Collentine（2011）发现，西班牙语学习者在一种名为 "Unity" 的 MUVEs 中参与了两项神秘谋杀任务，为了完成任务，他们使用了更复杂和更准确的语言。 然而，像这里列出的社交技术本身并不能产生好的学习效果（Stockwell & Tanaka-Ellis，2012）。 如果专门用于教育目的，需要由教师来决定学习者如何与他人互动。 在 Collentine 的研究中，虚拟环境能够使学习者处于通常无法在课堂中出现的情形，因此，学习者能够受益于在 MUVEs 中创造的各种环境。 如果 MUVEs 是独立于机构学习环境使用的，那么学习者可能会发现，与他们在网上遇到的人进行互动会让自己获得额外的学习机会。 对于英语学习者来说尤其如此，在许多社会环境中，默认的语言往往是英语，当然也有一些其他语言的用户。

(三)移动技术

移动技术已成为世界各地人民日常生活的一部分，移动电话等工具成本的降低和功能的增加，使其成为一种非常有吸引力的语言学习工具。 移动技术如今已经变得如此熟悉，以至于许多人实际上已把移动技术看作自身的延伸（Ros， Calic & Neijmann，2010），当他们无法立即获得移动技术时，他们会感到不舒服。 如今，移动设备的形式多种多样，从智能手机到平板电脑、无线笔记本电脑和PDA 等。 然而，移动学习的一个重要考虑因素是，它主要是在没有监督的情况下进行的。 这意味着，如果学习者遇到困难，他们更有可能减少使用，甚至完全拒绝移动设备。 移动学习，尤其是使用移动电话学习的最大吸引力之一是，几乎所有学生已经拥有这些设备，从而更容易鼓励学习者充分利用他们在学习语言方面可能有的任何空闲时间。

然而，移动学习的一个潜在缺陷是私人空间和学习空间的问题（Stockwell，2008）。 虽然教师可能热衷于让学生使用手机或其他设备进行学习，但有些学习者表示反对将自己的私人空间用于学习。 在选择是使用手机还是台式电脑学习英语词汇时，日本学生对使用台式电脑表现出压倒性的偏好，认为在人们经常使用手机的场合（如车上，在餐厅等）不利于学习。 不过，选择使用手机学习的学生人数还是在缓慢增加的（Stockwell，2010）。 随着移动电话作为一种通用工具的想法越来越被人们所接受，我们期望通过移动设备积极学习的学习者数量会逐渐增加。

技术的发展不仅增加了学习者学习语言的时间和地点，而且改变了他们的互动对象和学习语言的方式。 作为教师，重要的是了解学习者正在使用的技术，并考虑如何将这些技术应用于语言学习环境。 然而，要做到这一点，就必须充分了解这些技术对语言学习的潜在限制，并根据具体的学习来选择适当的技术。

四、技术辅助英语教学的地方性和全球性问题

　　与许多其他语言，如日语、印度尼西亚语或阿拉伯语相比，英语的学习有自己的特殊考虑。 当然，在这些语言的使用者中，某些社区和地区也有各自的特点，但很难将英语与特定的目标群体联系起来。 正如 Lamb（2004：3）所主张的那样，英语失去了与特定英语国家文化的联系，而被认同为全球化的强大力量，这意味着英语不是专门用来与来自加拿大、新西兰或英国的本族语者交谈的，而是不同语言背景的人之间的通用语（Ushioda，2006：150）。 所以英语学习者的背景非常广泛，从技术高度发达的国家到不发达国家。 在社会层面，技术的可用性和成本、技术标准和获取相关信息的机会之间存在很大差异（Stockwell，2012）。 所有这些方面都将对教师和学习者可以利用的技术选择及个人对语言学习技术的看法产生很大影响。

　　当然，所谓的"数字鸿沟"也存在问题。 "数字鸿沟"指的是"使用计算机的人与不使用计算机的人之间存在着令人不安的差距"（Mehra，Merkel & Bishop，2004，p. 782）。 英语的教学资源，特别是由出版商制作的资源，对于不发达地区的人们来说往往是相当昂贵的。 随着时间的推移，计算机的价格有所下降，但在一些国家，即使是低端的机器，也往往超出了学习者的购买能力。 然而，技术意味着通过互联网，许多人可以更容易地获得英语资源。特别是在过去的几年里，不仅在发达国家，而且在部分不发达国家，智能手机也得到了普及。 这样，技术的传播有可能带来更多的英语学习机会。 网上有很多免费的英语学习资源，比如 Randall 的 ESL 网络听力实验室（www. esl-lab. com）和英国广播公司的学习英语网站（www. bbc. co. uk/worldservice/learningenglish/）。 如

果教师和学习者都能利用这些资源，尽管仍存在贫富差距，但是技术可以让更多的人获得学习的机会，而且几乎不需要额外的财政支出。

此外，相同的技术可以通过不同的方式被使用，这取决于学习者和教师的特点。例如，在美国使用技术来教授英语（作为第二语言）与在中国使用类似的技术教授英语（作为一种外语）有很大的不同，ESL 教学与 EFL 教学在技术应用的期望值上也存在着很大的差异。在美国，主要的 SNS 是 Facebook，它以巨大的优势取代了其他选择。相比之下，在中国，许多年轻人更喜欢使用微信，微信具有与 Facebook 类似的功能，但允许在封闭的社区中进行更多的互动。对于如何处理这些差异没有简单的答案，但至少要求教师了解学习者对技术的看法的差异，并根据他们的教学需要、个人和集体偏好做出决定。

五、注意事项

技术增强英语教师和学习者学习动机的潜力是巨大的。当然，重要的是要认识到，技术的使用并不会自动地提高教师或学习者的积极性，特别是在技术的有效使用存在压力的情况下。与教师相比，学习者更有可能采用最新的技术，这意味着教师只能努力提升自己的技术水平，在那些不愿投资更新技术资源、培训教师正确使用技术资源的机构中，这种情况并不少见。尽管如此，技术确实已经成为我们日常生活中的一部分，将它们的使用范围从日常用途扩展到满足我们的语言学习需求只是一个时间问题。然而，当使用技术成为我们学习环境中的规范时，就有可能看到新的挑战。例如，在技术已司空见惯的时候，保持学习者的好奇心变得更加困难（Arnone, Small & Chauncey, 2011）。教师需要思考创新的方

法，使学习者能够继续使用当前可用的技术。 正如 Felix（2003）
指出，需要记住的最基本的一点是，技术不应被用作良好教学实践
的替代物，教师有责任考虑如何能够鼓励和保持学习者对学习语言
的兴趣。 鉴于技术发展的速度和对社会的渗透，技术在实现这一目
标方面无疑会发挥作用，但不应以牺牲教师和学习者的各种目标为
代价。

技术已经对教学环境产生了巨大的影响，但是它对动机的各个
方面的影响仍有很多需要考虑的问题，因此需要进一步讨论技术与
动机之间的关系，如设计和执行任务的方式、促使教师和机构采用
技术的动机、学习者选择使用技术以帮助他们学习语言的动机及所
在地区和个人对技术看法的差异。 一些具体的讨论领域举例如下：

（1）技术的任务的哪些特点可以被认为有助于增强学习者使用
技术的动机？ 也就是说，如何创造一项任务，从而促进学习者对该
技术的持续使用？

（2）鉴于当今许多学习者掌握了很多技术，教师在教学环境中
拒绝使用技术是否可以被学习者接受？

（3）在引进一项技术之前和之后，各机构应采取哪些步骤来确
保更广泛地使用技术？

（4）一种技术是否有可能增强学习者学习语言的动机？ 若
否，原因为何？ 如果可以，如何使用这项技术来实现这一目标？

（5）是否有可能为英语学习者提供可以全球共享的标准化的在
线资源？ 要确保不同背景的学生有动力使用它们，需要具备哪些
特点？

第六章　CALL 与教师对学习者自主学习的促进

毋庸置疑，CALL 是目前外语教学与学习实践中最具创造性的领域之一。随着计算机技术的发展，它不断为学习者提供新的学习方式，提高学习者的外语掌握程度，有助于学习者的自主学习。然而，或许是由于 CALL 与学生的自主学习相联系，近年来 CALL 的研究者很少或没有提及教师在 CALL 中的作用，他们的研究重点是学习者（当然，这并非不合理），至于教师在促进 CALL 的成功运用中该发挥什么样的作用，除了学习任务的布置，其他很少论及。

本章论述了阻碍 CALL 应用的因素，这些因素如果不得到妥善解决，可能影响教学的成功和妨碍自主学习的实现，同时说明教师应承担起消除这些阻碍因素的任务。因此，在 CALL 应用中，教师需发挥比目前更大的作用。那么，加强教师的作用是否会妨碍学习者自主学习的实现？在本章最后一部分，笔者论述了为何没有这个可能性。

一、CALL 促进自主学习：理论与实践

首先，CALL 有助于学生的自主学习，即学生最大限度上控制学习过程，而尽可能少地依赖教师。当然，计算机提供的自主学习机会并不都能保证学习者的自主学习一定实现，尤其是当学习者能做的选择和承担的角色受到限制时。例如，当电脑仅仅是教师的替

代时，扮演了家庭教师的角色（Levy，1997），而没有给予学习者自主选择及做出决定的权利。然而，充分应用了从文字处理到真实学习环境等多种现代化技术的 CALL 已开始体现要给予学习者对其学习的控制权和培养其自我管理的责任感的意识。CALL "能促进学生的自主学习，从而使其增加心理上的、社会性的交互，而这正是学习的必需条件"（Little，1996，p. 203）。

以下是 CALL 促进自主学习的例证。这些例子如果发生在十年前，教师们可能还难以想象。学习者可以在线查阅电子资源以提高学术性写作水平，而不仅仅限于使用语法自动检查工具和电子词典等。如有的软件包含了文字处理程序，并支持作者在写作时参考相关资源，能自动编排参考书目和文内引用，从而有助于作者正确利用第二手资料，"降低无意中抄袭的可能性"（Milton，1997，p. 247）。不过，最引人注目的自主学习方式之一是电子媒体交际（Computer Mediated Communication，CMC）。电脑在人类语言交往中起着越来越广泛的作用，这种交际方式被称为电脑媒体交际。CMC 有两种常见形式：E-mail（Electronic Mail）和 E-message（Electronic Message）。E-mail 这种非同步交际有助于提高学习者的元认知意识：学习者能够反思他们及他们的合作伙伴的反应，重新检阅写作中的语法、词汇和修辞；学习者可以参考百科辞典或字典而不明显中断交际。更多的关于 CALL 有助于自主学习的例子来自教师、研究者的观察和学习者的反馈。如 Toyoda（2011）指出，学习者在合作制作网页的活动中，整个学期均独立安排制作计划并能够在没有教师详细指导的情形下完成他们的任务。在我国，周洁（2001）对如何通过实验运用 Word 97 建立大学英语写作自主学习模式进行了探索。

二、阻碍 CALL 应用的因素

以上列举的理论和 CALL 的实践可能给人这样的印象：通向自主学习的路径是笔直畅通的。 但事实并非如此。 那么，影响 CALL 应用的障碍有哪些呢？ 以下是四个阻碍 CALL 成功应用和培养学习者自主学习的因素。 当然，最大的障碍来自软硬件的缺乏，如果得不到技术上的支持，CALL 是无法开展的。 下面的讨论是以具备技术支持为假定条件。

1. 学习者缺乏操作计算机的技能

许多初次应用 CALL 的学习者可能具有参差不齐的计算机技能水平，有对电脑一窍不通的新手，也有能熟练使用电脑的内行。 然而，如果学习者未达到对电脑的一定熟练程度，则没有一项 CALL 的活动能得到成功开展。 Shield 等人在 1997 年尝试的一项多国 MOO 计划失败的原因之一是学生缺乏对 MOO 的使用经验，尤其是当一个小组中没有一位成员曾使用过 MOO。 笔者曾见过有的学生不愿选修计算机辅助语言教学的课程，因为"不懂如何使用电脑"。

对于上述问题的解决方法之一是把对电脑知之甚少的学习者和能熟练使用电脑的学习者的座位编排在一起，前提是后者乐于帮助前者。 无论如何，在这种情形下，教师应承担起责任：为了解决学生间电脑知识掌握程度不平衡的问题，教师应给学习者提供相关的培训，如指导学生制作网页，这可能要花上几个小时，因此在指导的过程中教师未必要一直使用英语。

2. 学习者缺乏兴趣

现今许多学生对电脑着迷，他们把计算机技能和英语技能视为

"现代社会的生存技能"（Sergeant，2001，p.241），且多数学生喜欢在多媒体教室上英语课。但是，也有个别同学不把电脑视作学习英语的工具。一个班上只要有一两位这样的学生，便会令教师感到棘手。教师可以告诉他们 CALL 的种种好处，但不能强迫他们运用这种手段学英语，教师必须设计出一些替代的方法。学习者对 CALL 的抵触在一定程度上也是自主性的体现，因为他们认识到自己是什么类型的学习者。学习者的这种反应正如 Aoki（1999）所说，了解"自己是哪种类型的学习者，以及应该如何学习"是自主学习的特征。根据 Burston & Monville-Burston（1999）的调查，有的学习者对多媒体存在"认知上的超负荷"，在他们的研究中，一个十四岁的学习者就属于这种类型。

3.学习者对自主学习的抵触

大多数学习者可能对用电脑学习英语感兴趣，然而，即使在这些学习者中，有的在以教师指导为主和以自主学习为主的两种模式中更倾向于前者。Felix（1997）在为她的澳大利亚学生使用光盘讲授德语时注意到了这种现象。她的多数学生喜欢这种教学方式，而且也大幅度地提高了德语掌握程度，但是最后学生反馈说，他们只愿意把它作为课堂讲授的补充，而不喜欢它作为独立的一项自主学习活动。值得注意的是，这些学生学习成绩较好，本以为他们自主学习能力也较强。因此，在计划 CALL 活动时，教师必须考虑到学习者更喜欢以教师指导为课堂中心的可能性。

4.学习者之间缺乏交互性

如今，CALL 中的交际是受到推崇的，诸如在线的小组、个人间交际或者如 Little's（1996）所说，两个或两个以上的学习者共同在电脑上从事某项活动。然而，这些活动并不一定具有交互性。例如，一位学生抱怨在 CALL 课堂上与周围的同学缺少交际："我们来到教室，大家坐在电脑前，我完成电子邮件作业，同学间没有交际，就只是如此。"此外，有些学生不乐意公开谈论自己，而这是进行电脑媒体交际所需要的。教师应关注这些情形，并采取措施提高课堂交际质量，对于不希望通过 CALL 学习的学生，要给他们提供其他的活动以供选择。

三、对自主学习的威胁

教师应承担起消除以上阻碍因素的任务，所以 CALL 中教师的角色要比在当前的有关研究中所扮演的更为活跃。那是否意味着 CALL 一定程度上以教师为中心呢？要回答这个问题，有必要先考虑自主学习的内涵。

自主性是所有语言学习的理想目标，它一般被定义为负责自己学习的能力（Wenden，1998；Macaro，1997；Littlewood，1996；Little，1995；Dickinson，1995；Victori & Lockart，1995；Dam，1990；Holec，1981）。自主学习提供了摆脱课堂约束的学习机会，这些约束如时间、固定不变的教学大纲、害怕犯错误的心理及教师的指导。然而，自主学习是"和其他学习者共同进行的"（Holec，1985：175），受到其他人，包括教师的帮助。一些研究者提出自主学习包含"交互性独立"（Blin，1999；Little，1990；Boud，1981）。Voller（1997）认为，交互性独立是自主学习的中心意义。自主学习并不意味着教师任务的减少，而只是责任的变化。教师应随时向学生提供帮助，帮助他们自主学习。如 Sheerin（1997）所言："所有的学习者在教师的帮助和支持下才能获得更大的自主性。"（p.63）

CALL 教师在促进学习者的自主性方面的职责与其他教师基本上是一致的，所不同的是，CALL 教师还需具备 CALL 提供的学习机会的相关知识，这些知识的获得需要经过培训。 例如，针对上面讨论的四个阻碍 CALL 应用的因素，教师需要进行两种教学技能的训练：

（1）解决电脑新手在文字处理、Web 搜索、MOO 和制作网页等方面困难的技能，从而避免学习者把宝贵的时间花在相对不重要的技术的问题上。 而且坦率地说，这种技能有助于保全教师的面子，因为学生心目中的教师理所当然懂的应比他们多。

（2）妥善对待心理上抵制 CALL 或 CALL 提供的自主学习机会，或是通过电脑进行与有困难的学习者进行交互的能力。

教师具备这些技能有助于促进学习者的自主学习。 那么，师范院校是否提供给教师这些技能培训呢？ 笔者认为多数的院校乐意购买昂贵的电脑设备，而较少关注为教师提供如何应用这些设备的正式培训问题。

第七章　利用网站管理系统建设英语
教师个人网站

　　英语教师建设个人网站能有效地促进教学和科研工作，提高教与学的质量。 网站可以充分利用多媒体网络的时空可拓展性，大容量、多渠道、全方位地向学习者传输真实环境中的语料，创造个体化的教学环境，提高学习者的英语学习兴趣和学习自信心，培养学习者自主学习的意识和能力，促进教师与学习者、学习者与学习者之间的互动交流。

　　但是如果采用常用的制作网站的方法，也就是使用 FrontPage 或 Dreamweaver 软件来制作英语教师的个人网站，对于初次制作网站的教师来说是件费时费力的事情。 首先学会如何使用这类软件需要不少时间，即使会用这些软件，但不够精通的话，做出来的网站也往往比较简陋。

　　对于没有制作网站经历的英语教师，推荐使用网站管理系统来建设个人网站。 一般来说，只要会打字，就能用网站管理系统轻松地制作出美观的个人网站，且制作完成后管理和更新网站也很方便，因此这种建站方法被称为"傻瓜建站"。

　　下面以网上应用得很广泛的建站系统——动易网站管理系统为例，结合英语教学网站的特点，介绍如何方便快捷地建设英语教师的个人网站。

一、建站条件

建设网站的前提条件是拥有网络空间和域名。

网络空间可以通过购买或租用服务器或购买虚拟空间来获得。 现在因为购买或租用服务器的花费太高，个人一般选择购买虚拟空间来建站。 网上的免费网站空间很多，但真正稳定而且快速的并不多，因此建议教师购买付费空间，空间大小为 100—200M。 最好能购买 Asp 空间，因为网上可供下载的 Asp 源代码相对比较多。 所购买的虚拟空间需要事先安装动易组件，如未安装，可以要求虚拟空间商装上。

要访问个人空间，需要输入该空间所绑定的域名，如 sohu. com就是一个域名。 顶级域名（如 http：//www. nease. net/）比二级域名（如 http：//www. nease. net/homepage）更容易被搜索引擎搜录，从而便于网站推广，因此建议教师申请顶级域名，现在只要花上几十元就能购买一年的以 com 结尾的国际域名。 初次建设网站的教师最好在购买网站空间的虚拟空间商那里购买域名，这样可以要求他们帮你绑定域名和空间。 拥有了虚拟空间和域名，并绑定域名后，在浏览器的地址栏输入域名，就能访问个人网站了。

二、利用网站管理系统建设网站的过程

动易网站管理系统是动易网络科技有限公司开发的基于 "ASP＋COM" 技术的网站管理系统，是一个适用于各种服务器环境的网站解决方案。 利用动易网站管理系统建设网站的过程如下。

1. 下载动易网站管理系统

可以从动易官方网站下载免费版的动易网站管理系统。

2. 解压和安装动易网站管理系统

把下载的动易网站管理系统解压，解压后可以看到 18 个文件，点击其中的 PowerEasy2005_Free.exe 进行安装，如图 7-1 所示。

图 7-1　解压动易网站管理系统

安装完毕后，在指定的执行安装的文件夹内，可以找到如图 7-2 所示的文件。

图 7-2　安装动易网站管理系统的文件夹

3.修改数据库文件的名称

因为动易网站管理系统的数据库文件名称广为人知，如不修改，别人就可以下载你的数据库文件，所以需要重命名数据库文件。

（1）打开如图 7-2 所示的安装了动易网站管理系统的文件夹，选中 Database 文件夹中的 PowerEasy5. mdb 文件，点击右键选择"重命名"选项来修改文件名称，例如笔者把它改成 english. mdb。

（2）用记事本打开 conn. asp 文件，找到 db＝" \database \PowerEasy5. mdb"代码，把其中的 PowerEasy5. mdb 修改成刚才自定义的数据库文件名，也就是 english. mdb。

一般情况下，动易网站管理系统是安装在个人网站的根目录，直接修改文件名即可。 如果是安装在个人网站的某一目录下，则在前面加上此目录。 例如，系统打算安装在"http: //www. qiyilan. com/learn/"目录下（learn 为安装目录），则这里应该修改为 db＝" \learn \database \PowerEasy5. mdb"。

4.上传动易网站管理系统

接着把修改好的动易网站管理系统的所有文件上传到购买的网站空间，可以使用 LeapFTP 软件或 CuteFTP 软件来上传文件。 网上有很多下载这两个软件的地方，如 http: //www. 68l. com/helpcenter. asp。

上传方法以 LeapFTP 软件为例。 安装好该软件后，在"FTP 服务器"这一栏中填写你的域名；在"用户"这一栏中填写在虚拟空间商那里申请的用户名，然后填入密码，再点击左上角的闪电标志连接到服务器，如图 7-3 所示。 左边大方框中是本地电脑的文件，右边大方框中是所建网站上的文件。 需要把左边的文件上传到右边，可以采用拖动方式，也可以使用右键点击想上传的文件，选择"上传"按钮。 如果想全部上传，只需在左边方框的空白处点击右键，选择"全选"按钮，然后点击"上传"按钮。

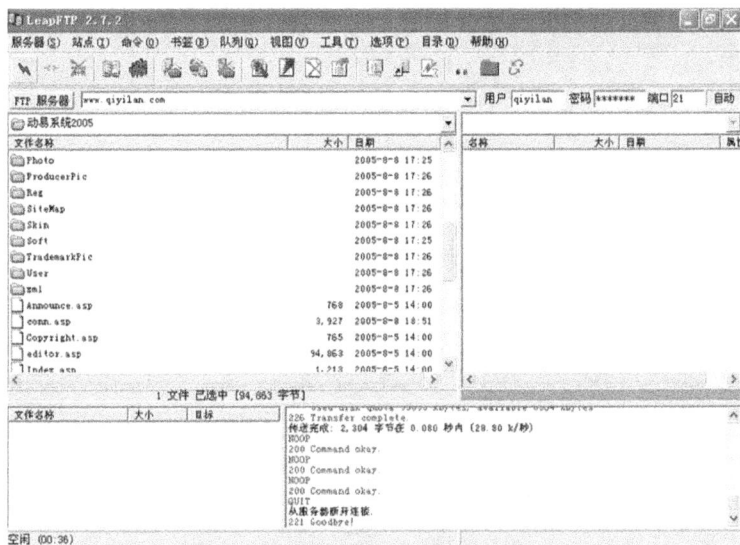

图 7-3　上传动易网站管理系统

5.配置动易网站管理系统

上传完毕后，通过运行 install. asp 来配置网站信息与设置网站风格。

（1）在浏览器的地址栏中打入个人网站的域名，后面加上/install. asp。 如果动易网站管理系统是安装在网站的某一目录下，则在 install. asp 前面加上此目录。

（2）这时我们会看到如图 7-4 所示的标题为"动易网站管理系统安装向导"的页面：

根据个人的实际情况，依次填入"网站名称""网站标题""网站地址""站长姓名""站长信箱""版权信息"，其中"安装目录"不用填写，系统会自动读取；"LOGO 地址"内一般填写为"images/logo. gif"。 针对"Banner 地址"，如果打算制作 Gif 格

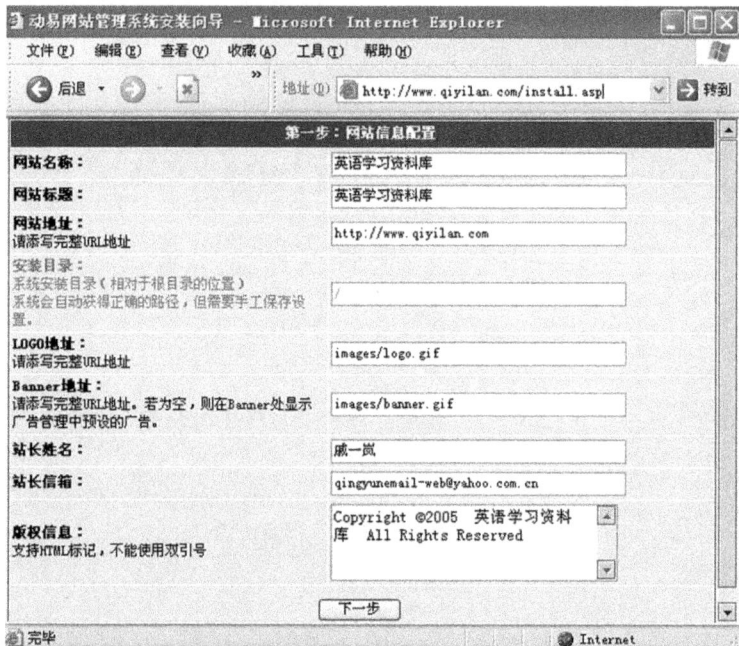

图 7-4　配置动易网站管理系统

式的 Banner，则填写为 "images/banner. gif"。 这里所填写的设置，以后可以在后台的 "系统设置" → "网站信息配置" 中进行修改。

填写完毕后点击 "下一步" 按钮，继续配置其他网站选项，初次制作网站的教师可以保留系统的默认设置。 但是其中有一项 "网站首页的扩展名"，系统默认的是 "asp"，最好能选择 "html"，因为 html 页面比 asp 页面更容易被搜索引擎找到。

（3）设置完成后需单击屏幕提示的 "删除此安装文件" 按钮来删除 install. asp 文件，否则别人可以同样利用这个文件修改网站信息。

6. 登录后台

动易网站管理系统采用模块化的程序设计理念，将系统分为前台浏览页面与后台管理平台，简称为前台与后台。 前台是指系统调用或生成以让用户浏览或交互的网页界面，即互联网上别人可以看到你的个人网站。 后台指管理员或网站注册用户发表、管理网站信息的平台。

在浏览网站首页效果前，需要先登录后台。

（1）在浏览器地址栏中输入个人网站的域名，可以看到网站已基本成形。

（2）在个人网站的首页页面的下方，点击"管理登录"链接后，会出现系统后台的登录接口。 在登录接口中输入管理员的用户名、密码（默认的管理员的用户名为 admin，密码为 admin888）和验证码，进入后台管理接口。 后台如图 7-5 所示。

图 7-5　动易网站管理系统后台

（3）如果刚才在配置系统时启用了网站首页的生成 html 功能，需在后台左侧导航依次单击"网站生成管理"→"生成网站首页"按钮，系统会出现"生成网站首页成功！"的信息。 这时如果刷新网站首页，会发现网站标题、站长姓名、电子邮箱等都已经改为上述所配置的信息了。

（4）修改管理员密码。在后台左侧导航的"用户管理"中单击"管理员管理"按钮后会出现"管理员管理"界面，再单击"操作"列中的"修改密码及设置"，在出现的"修改管理员密码"界面中填写新密码与确认密码，单击"保存修改"按钮，即可保存修改的新密码。

7. 添加 LOGO 和 Banner

（1）在网站设计中，对 LOGO 的设计是不可缺少的一个重要环节。Logo 就像网站的商标，是网站特色和内涵的集中体现，它作用于传递网站的定位，同时便于人们识别。动易网站管理系统的 LOGO 放置在首页的左上角，默认为动易官方网站的标志，因此需要替换它。可以使用 Fireworks 或 Photoshop 等工具制作 LOGO 图片，大小是 180×60 像素。制作完成后，把图片命名为 logo. gif，然后使用 LeapFTP 或 CuteFTP 等上传软件将该图片上传至个人网站的 images 文件夹，替换该文件夹中原有的 logo. gif 图片。

（2）英文 Banner 翻译过来就是旗帜、横幅等，它占据着页面中最宝贵的位置——头部，是来访者注意力的焦点。Banner 一般是以动画形式出现的，可以采用 Flash、Fireworks、Ulead Cool 3D 等软件制作，如笔者是使用 Ulead Cool 3D 结合 Ulead GIF Animator 制作的。假如制作动画有困难的话，可以找一幅漂亮的图片，用 Photoshop 软件的"T"文字工具在上面写几个字来充当 Banner。图片大小需调整成 580×60 像素，命名为 banner. gif，上传至 images 文件夹即可显示 Banner。要是无法显示，可能是图片路径不对，在后台的网站信息配置中可以修改 Banner 的地址。如果是用 Flash 制作的 swf 格式的动画，则需要在后台通过广告管理功能添加 Banner。

8.管理网站频道和栏目

动易网站管理系统中的频道是指某一功能模板的集合。 免费的动易网站管理系统提供的频道有文章中心、下载中心、图片中心和雁过留声（即留言板），可以通过管理网站的各个频道来建设不同的网站内容。

栏目则是指频道的细化分级，例如在文章中心频道下有英语阅读、英美文化、英语幽默等栏目。

（1）在后台左侧的"网站管理导航"中，单击"系统设置"→"网站频道管理"，右栏会出现"频道管理"的界面，如图7-6所示。

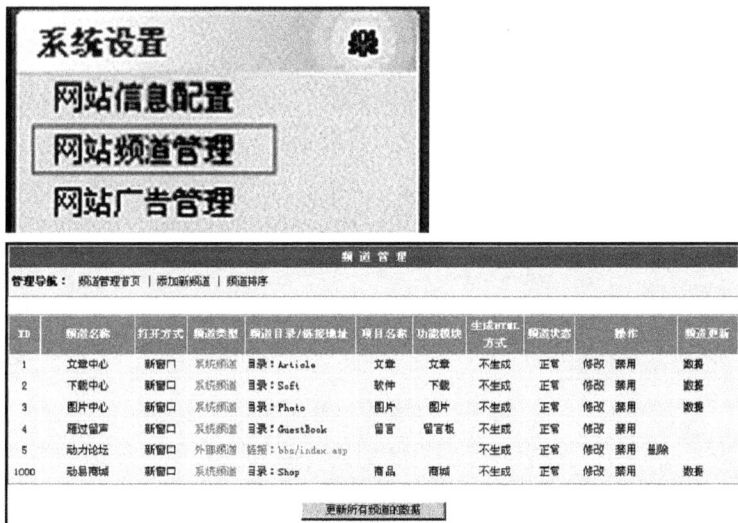

图 7-6　频道管理界面

（2）如要修改某频道的属性，单击该频道的名称或该频道"操作"列中的"修改"，即可对频道的各个参数进行设置。 一般情况下可以维持系统默认的参数，或者选择系统推荐的参数。

（3）点击"保存修改结果"按钮，返回频道管理界面，单击"更新数据"以更新本频道的修改。

（4）如果还想添加新频道，则点击图 7-6 中顶部的"管理导航"栏目中的"添加新频道"，然后按照提示填写相关参数即可。

（5）频道设置完毕后，接着在各个频道内设置栏目。 以文章中心频道为例，通过点击"网站管理导航"中的"文章中心管理"→"栏目管理"→"添加文章栏目"来设置栏目，如图 7-7 所示。针对英语教学的要求及学习者的特点，英语教师的个人网站可设置以下栏目：学习方法、课程辅导、英语题库、俚语谚语、英语幽默、英语语法、英语词汇、英语写作、英语阅读、英语翻译和英语杂谈等。

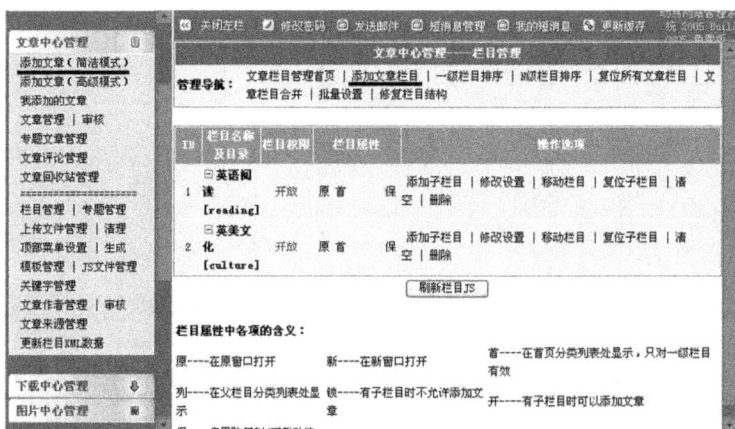

图 7-7　文章中心管理界面

（6）点击"网站管理导航"中的"文章中心管理"→"添加文章"，就可以随心所欲地添加文章了，如图 7-8 所示。 下载中心、图片中心的操作和文章中心类似。 下载中心可以提供英语教学课件、英语歌曲、听力材料、英语电子书等材料的下载，图片中心可以提供课文背景知识的相关图片等。

图 7-8　添加文章

9.发布网站公告

英语教师可以通过网站公告来发布英语考试信息，教学活动安排，比赛、讲座信息，介绍最新出版的英语读物等。 发布公告的步骤如下：

（1）在后台的"网站管理导航"中，单击"系统设置"→"网站公告管理"，页面右栏就会出现网站公告管理的界面，如图 7-9 所示。

（2）在图 7-9 顶部的管理导航中，单击"添加新公告"，填完要发布的公告信息后，单击"确认"按钮发布公告。

（3）在"网站管理导航"中，点击"网站生成管理"→"生成网站首页"，重新生成网站首页。

（4）如要修改网站公告，点击该条公告标题右边的"修改"按钮即可。

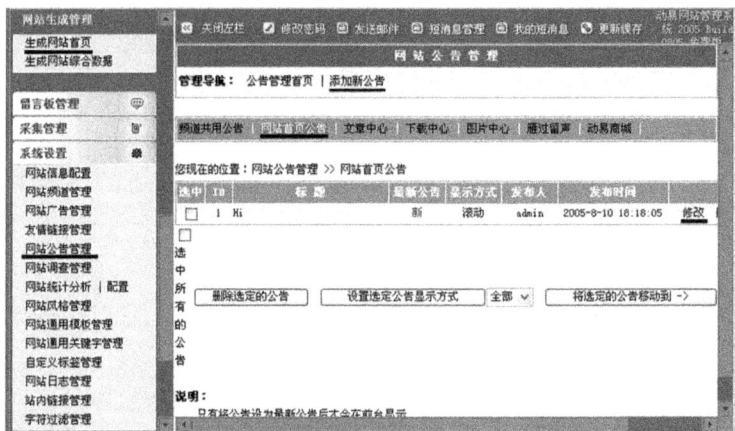

图 7-9　发布公告

通过类似发布网站公告的方法，还可以发布网站调查、网站统计及添加友情链接等。教师运用友情链接，可以为学生提供与英语知识相关的网址资源，如纽约时报、读者文摘和中国日报等，从而有效扩大学习者的知识面和提高学习者的课外阅读能力。

10. 管理留言板

留言板便于学习者向英语教师咨询疑难问题，也是其他浏览网站的人和站长联系的方便途径。动易网站管理系统已经集成了留言板功能。在后台的"网站管理导航"中，单击"留言板管理"→"网站留言管理"，页面右栏便会出现留言板管理界面，教师可以根据自己的需要选择"删除选定的留言""审核通过选定的留言""取消审核选定的留言"等功能。

至此，基于动易网站管理系统的个人网站已经基本搭建好了。接着要做的是不断丰富网站内容，即如上所述的增加文章和下载等内容，以及根据个人需要增加网站的其他功能。

三、其他网站设施

以下网站设施不是免费的动易网站管理系统自带的，需要自行寻找、安装。

1.安装英语论坛

论坛对于建设英语教师的个人网站来说是不可或缺的设施。 教师可以通过论坛组织话题讨论、作业批改、答疑解惑；学习者通过论坛可以进行英语自由讨论、提出问题等。 免费动易网站管理系统的频道管理中给论坛预留了位置，但没有提供论坛。 自行添加论坛比较常见的做法是把动网论坛整合入动易网站管理系统。 动网论坛功能全面，是中国各大网站使用最多的网上论坛。 动网论坛可以在它的官方网站下载。 官方网站地址是 http：//www. aspsky. net/。动网论坛 Ver 7.1.0 的下载地址是 http：//down. dvbbs. net/SoftView/SoftView_2452. html。

下载动网论坛之后，先双击蓝色箭头图标进行解压，接着根据解压所得的"论坛安全设置"中的说明更改论坛数据库文件名，再把所有文件上传到个人网站空间（如上传至空间中的 bbs 目录）。上传完毕后，输入论坛地址，如笔者输入的是 www. qiyilan. com/bbs，就可以看到个人网站的论坛了。 默认管理账号的用户名是 admin，密码是 admin888。 点击论坛顶部导航栏中的"管理"进入管理界面，登录以后就能按照自己的喜好设置论坛了。

动网论坛设置完毕后，需要把动易网站管理系统和论坛链接起来。 此时，点击动易网站管理系统后台的"系统设置"→"网站频道管理"，页面右边便会出现频道管理界面，点击第五个频道"论坛"的"修改"键，它默认的外部频道的链接地址是 http：//bbs.

asp163. net，把这个地址修改成自己网站的论坛地址即可。

2.增加在线英语电台

如果英语学习网站有 VOA、BBC 等在线英语电台，会使网站增色不少。 一个简单的添加电台的方法是直接复制在别的网站看到的英语电台的 RealPlayer 播放器图标到自己的网页上，同样可以播放英语节目。 选中需要复制的电台的 RealPlayer 图标，点击右键"复制"，然后将其粘贴至网站管理后台的"文章中心管理"→"添加文章"→"文章内容"中，接着填好所属栏目、标题等内容后点击"添加"按钮，就制作完成了一个英语在线电台页面。 如果想在网站首页增加英语电台，可以把电台的 RealPlayer 播放器图标复制到首页模板的合适位置。 首页模板可以在后台的"系统设置"→"网站通用模板管理"中找到。 如果会使用 FrontPage，可以用 FrontPage 来修改模板。

3.添加学习者成绩查询功能

动易网站管理系统的免费版没有学习者成绩查询功能，如果教师希望在自己的个人网站增加成绩查询功能，可以在 Google 上搜索成绩查询系统的 Asp 源代码。 安装方法是先下载源代码，把它解压，然后通过前面提到的 FTP 软件在个人网站的根目录建立一个新的文件夹（在 LeapFTP 连接状态下，右键点击右边大窗口，选择"创建目录"），再给文件夹取个名字，例如命名为 cj，随后把刚才解压所得的文件全部传送到 cj 文件夹中。 这样在浏览器中输入"http：//网站域名/cj"，就能查询或管理学习者成绩了。 详细使用方法可以参考下载包中的帮助文件。

4.安装英语聊天室

英语聊天室是学习者练习英语口语的好场所。 建立聊天室有两种方式：一种是向提供免费或收费聊天室的网站（如西陆、碧聊等）申请拥有自己的聊天室，通常需要在线填写一份申请表，通过审核后会得到一个域名，然后在网站输入该域名就可进入自己的聊天室了，可以在个人网站上链接这个域名；另一种方法是用聊天程序建立聊天室。可以在网上下载聊天室源代码，安装方法同成绩查询系统。

　　本章介绍了如何应用网站管理系统来轻松制作英语教师的个人网站，以及如何安装一些促进英语学习的网站设施。在个人站点的建设过程中难免会碰到一些困难，但相信通过大胆尝试，不断探索，英语教师的个人网站能切实地为提高英语教学质量和效率发挥作用。网站建设完毕之后，可以去各大搜索引擎登录自己的网站，也可以和别的网站互换友情链接，从而推广网站，让更多的人从你的站点获益。

第八章 英语写作中电子邮件键友活动的实验研究

随着信息技术的发展，因特网的应用已逐步普及并渗透于英语学科的教学之中。 在写作教学中，利用因特网最为普遍的方法是使用电子邮件系统进行键友（key pal）交流活动。 英语写作能帮助学习者更好地学习语言，最能反映学习者语言综合运用能力，同时也是中国学习者在学习英语过程中所面临的难点之一。 如何提高英语写作教学质量这个问题常常困扰着英语教师，而电子邮件键友活动为这个难题的解决提供了一条新的途径。 近年来，有人对电子邮件应用于写作教学进行了研究并取得了不少成果，然而大多数研究未建立在实证材料的基础上。 为了进一步了解它在英语写作教学领域的应用状况，本章从英语作为外语的写作教学的角度，运用实证研究的方法，对如何将电子邮件键友活动运用于英语写作教学及如何运用电子邮件键友活动促进写作教学进行了多方面的探讨，并对实验结果做了定性和定量分析。

一、相关文献综述

本章的理论依据是社会建构主义理论、自主学习理论。

建构主义的基本前提是学习者通过把新信息和已有知识相联系来积极地建构他们自己的知识（Strommen & Lincoln，1992）。学习行为不是孤立的，学习者需要与知识、学习环境和其他学习者进行交互（Dershem，1996），真实的情景对于建构学习来说是必需的。认知建构主义和社会建构主义是建构主义的两大流派。社会建构主义在认知理论的基础上探讨了社会交互性，认为学习发生的环境与学习行为本身一样重要。其代表人物 Vygotsky 强调了社会交互和合作对于学习过程的重要性。他认为，"个体的认知系统是个体与社会群体交际的结果，个体不能与社会生活相隔绝"（Vygotsky，1978，1986，1997，p.448）。因而社会建构主义更适合作为电子邮件键友活动的理论基础。电子邮件是一种理想的交际工具，学习者利用电子邮件可以不受限于课堂而和其他学习者、老师、专家等进行交流，并能加深对自己国家和其他国家的文化的理解，所以电子邮件能很好地支持社会建构主义学习。

教育的最终成果应是独立自主的学习者（McDevitt，1997：34）。最早开始自主学习研究的 Holec（1981：3，2001：48）认为，"自主"指"对自己学习负责的一种能力"，即"决定学习目标，决定学习内容和进度，选择学习方法，监控习得过程，评价学习结果"。Warschauer（1996）的研究表明，在语言学习中使用以电脑为媒介的交际工具有助于形成更多的以学习者为中心的讨论、更多的学习者发起的交互活动、基于学习者与学习者相互合作的社会动态模式及教师主导逐渐转变为学习者主导的情况。因此，当电子邮件应用于教学时，学习方式向自主学习转变不是随意可选的，而是一个先决条件。

电子邮件作为最方便和直接的非同步交际方式，已有一些学者探讨了它应用于外语教学的优点。例如，国外的相关研究有 Belisle（1996）；Tella（1991）；Barson，Frommer & Schwartz（1993，1997）；Davis & Chang（1994）；Kroonenberg（1995）；Janda（1995）；Leh（1997，2001）；Choi（1998）；Trenchs（1996，2001）；Nirenberg（1989，2001）；Liaw & Johnson（2001）；Jogan，Heredia & Aguilera（2001）。国内的相关研究有顾佩娅（1998）等。

二、研究方法

1. 研究问题

本部分研究围绕以下问题展开：①学习者对用英语进行电子邮件活动持什么态度？ ②电子邮件键友活动在多大程度上促进了学习者英语写作能力的提高？ ③电子邮件辅助英语写作教学的优缺点有哪些？ ④学习者在英语电子邮件键友活动中遇到的困难有哪些？如何解决？

2. 研究对象

研究对象是浙江师范大学外贸英语专业两个班级的 70 位新生（每个班各有 35 位学生），其中男生 11 名，女生 59 名。 一个班级为实验班，另一个班级是对照班。 两个班级的学生的任课老师几乎相同。 实验班学生在 2002—2003 学年第一学期和国外键友用英语开展电子邮件活动，对照班不参加英语电子邮件键友活动。

3. 研究工具

本部分三种研究数据的收集方式为调查问卷、访谈和实验前后的英语写作测验。

（1）调查问卷。 问卷用来了解学生对于电子邮件键友活动的态度、评价和活动中遇到的困难等。 它包括两部分：第一部分调查学生关于电子邮件键友活动的观念，共 20 题；第二部分用于了解学生在键友活动中的行为表现，共 14 题。 问题回答采用五级选项：第一部分，要求学生在五个选择项 "1 ＝ 完全不同意、2 ＝ 不同意、3 ＝ 不知道、4 ＝ 同意、5 ＝ 完全同意" 中选择一个；第二部分中，在

"1＝完全不符合、2＝不符合、3＝不确定、4＝符合、5＝完全符合"中选一个。 学生事先被告知调查问卷只用于研究，与他们的学业成绩无关。 问卷情况如表 8-1 所示。

表 8-1　问卷题目的类别、题目数量和 Alpha 值

类别	题目数	Alpha
写作能力	5	0.52
文化意识	3	0.65
动机	5	0.63
思维能力	3	0.55
自主学习	5	0.62
学生的态度	6	0.72
困难和问题	7	

注：由于学生在"困难和问题"这一类别中的选择差异很大，这一类别的 Alpha 值没有加以计算。

（2）访谈。 为了更深入地了解学生在键友活动中的表现和态度，活动结束后笔者对实验班的 10 位学生进行了半结构化访谈。

（3）英语写作测验。 英语写作测验的目的是测试学生在键友活动前后的英语写作能力。 两次写作测试的题目要尽量选择学生感兴趣的话题，这次研究中选择的分别为 "What do you think child must learn if he/she is to grow up?" 和 "My view on the relationship between teachers and students"。

4. 键友活动资源

网上有很多国际电子邮件键友活动的资源。 学生可以自由注册，并选择志趣相投的键友。 更便于操作的方式是整个班级和国外的某个班级结对子。 以下是一些规模较大的键友活动网址：

第一，KeyPals Club，URL：http：//www.teaching.com/keypals/。

第二，The Pen Pal Exchange，URL：http：//www. iwaynet. net/～jwolve/pal. html。

第三，Key Pals，URL： http：//www. ziplink. net/users/tlipcon/keypals。

第四，Dave's ESL Cafe，URL： http：//www. pacificnet. net/～sperling/student. html。

第五，eTandem，URL： http：//www. slf. ruhr-uni-bochum. de/etandem/etindex-en. html。

第六，Intercultural Email Classroom Contacts，URL： http：//www. iecc. org/。

第七，SL-LISTS：International EFL/ESL Email Student Discussion Lists， URL： http：//www. latrobe. edu. au/www/education/sl/sl. html。

第八，Kidcafe-Individual，URL： http：//www. kidlink. org//KIDCAFE-INDIVIDUAL/。

第九，ePALS，URL： http：//www. epals. com/。

第十，Places to Get PenPals，URL：http：//www. merrywing. com/penpal. html。

第十一，Linguistic Funland Pen Pals，URL： http：//www. linguistic-funland. com/penpalpostings. html。

第十二，The Student Letter Exchange，URL： http：//penpal. com/。

第十三，PenPalParty，URL：http：//www. penpalparty. com/s。

第十四，English Penfriends-Englishjet，URL：http：//www. englishjet. com/english_courses_files/people. html。

第十五，Hands Across the World，URL： http：//hatw. net/。

第十六，Students of the World，URL： http：//www. studentsoftheworld. info/s。

第十七，International English-speaking Friends，URL：http：//www. world-english. org/penfriend. html。

第十八，Letterbox USA，URL：http：//www. angelfire. com/ct/letterboxusa/。

5. 数据收集

数据收集时间是 2002 年 9 月至 2003 年 1 月。

问卷在正式使用前，先试用一次，并根据反馈加以修改。 在键友活动结束时，发给实验班的学生填写。 共发出 35 份问卷，回收 35 份。

实验班和对照班的 70 位学生都参加了学期初和学期末的两次写作测验。

在 2003 年 1 月，实验班的 10 位学生接受了访谈。 访谈的目的是检查他们在问卷中的回答的信度，并使学生有机会提供更有深度的反馈。 每个学生的访谈时间是 20 分钟以上。

6. 数据分析

写作测试和问卷调查所取得的数据通过 SPSS 11.0 进行统计分析，包括对调查问卷结果进行描述统计分析，对实验班和对照班学生的学期初和学期末的英语作文成绩的差异进行独立样本 t 检验，分别对两个班学期初和学期末成绩进行配对样本 t 检验。 与此同时，还对访谈记录和学生的电子邮件做了多方面的分析，用以对统计结果进行验证。

其中，学生的英语作文均先用电脑打出来，然后进行评分，并隐藏班级和姓名。 作文由两位大学英语教师根据 Heaton 的作文评分法批改（Heaton，2000：146）。 Heaton 的这种作文评分法属于逐点分解法，即按内容、组织、词汇、语言、拼写格式五项一一评分，然后将小分相加，得出总分。 两位老师评分的相关系数为 0.863，因而评分结果具有较高的信度。

三、结果和讨论

本次实验中，35 位实验班的学生和他们的键友通信 3 个多月，写信数量从 7 封到 35 封不等。 要求学生把他们写给键友的邮件和收到的邮件转寄给我，如果是不方便转寄的私人信件则不作要求。

1. 学生对电子邮件键友活动的态度

学生如果对外语学习具有积极的态度，那么他们就更容易取得学习的成功。 问卷调查中，学生对键友活动的态度这一变量的统计结果如表 8-2 所示。

表 8-2　学生对电子邮件键友活动的态度

问题	平均值	标准差	人数
A09. 我对用英语写电子邮件没有自信心	2.29	0.62	35
A12. 写英语电子邮件没有带给我成就感	2.20	0.72	35
A13. 写电子邮件是轻松愉快的	3.63	0.73	35
A16. 我对电子邮件键友活动感到满意	3.74	0.78	35
B01. 我不会建议我的朋友也来写英语电子邮件	2.34	0.59	35
B02. 在这门课结束后我不会继续英语电子邮件键友活动	1.86	0.55	35

表 8-2 中条目 A09、A12、B01、B02 和条目 A13、A16 的意义相反。 如表 8-2 中，学生对英语电子邮件键友活动的态度是积极的（条目 A09、A12、B01、B02 的平均值是 2.17；条目 A13、A16 的平均值是 3.69），对此较为满意。 用英语写电子邮件给多数学生带来成就感，他们对写作英语邮件充满自信。 同时，大部分学生在本次活动结束后仍愿意继续和键友通信，并打算建议他们的朋友也参与键友活动。

学生的积极态度也体现在其他方面。从他们写的电子邮件中可以看出，所有的学生，即使是平时不太喜欢交际的同学，都和他们的键友进行了真正的英语通信。学生喜欢给键友写信，也喜欢接收键友的来信。不少学生在写作或阅读电子邮件时遇到影响理解的生词时，都会积极主动地查字典。

在访谈中被问及整个活动的有效性时，多数学生认为是有效的或非常有效。如有学生评价说："这个活动很有意思，它提高了我学习英语的兴趣""我喜欢给外国朋友写信"。学生喜欢键友活动的原因多种多样，如认为这是一种现代化的写作方式，它增强了练习英语写作的动机，它把英语写作变成了有趣愉快的过程。

对电子邮件写作的积极态度增强了学生用英语写作和修改的热情，从而有助于提高他们的写作技能。

2. 电子邮件辅助英语写作教学的优缺点

（1）优点。

第一，提高英语写作能力。电子邮件键友活动对学生写作能力的提高有较大的促进作用。实验班写作前测的平均分（M＝57.53，SD＝12.23）低于对照班（M＝59.90，SD＝6.75），而后测成绩的平均分（M＝62.80，SD＝10.60）则高于对照班（M＝61.96，SD＝8.20），如表8-3、表8-4所示。对前后两次写作测试的成绩差进行计算，然后对两个班级的成绩差进行独立样本 t 检验，结果显示两班之间的差异未能达到显著程度［t 值＝1.244，显著性水平（双尾）＝0.218］，这可能是实验持续时间不够长（三个多月）、电子邮件中使用非正式语言较多等因素所致。

表 8-3　实验前写作测验总分的描述性统计数据

	人数	最低分	最高分	平均分	标准差
实验班	35	36.00	84.00	57.53	12.23
对照班	35	44.00	74.00	59.90	6.75

表 8-4　实验后写作测验总分的描述性统计数据

	人数	最低分	最高分	平均分	标准差
实验班	35	46.00	83.00	62.80	10.60
对照班	35	38.00	78.50	61.96	8.20

　　对实验班的前测、后测写作成绩进行配对样本 t 检验的结果表明，后测中的写作总分及内容和组织等两项的成绩有了显著提高，如表 8-5 所示。而对照班，只有内容这个项目的后测成绩有了显著提高，如表 8-6 所示。

表 8-5　实验班前后两次写作测试的总分和分项得分的配对样本 t 检验

		平均分	人数	标准差	T 值	显著性（双尾）
第 1 组	总分（前测）	57.53	35	12.23	−2.49	0.02
	总分（后测）	62.80	35	10.60		
第 2 组	内容（前测）	16.86	35	3.42	−4.66	0.00
	内容（后测）	19.90	35	3.11		
第 3 组	组织（前测）	11.63	35	3.18	−2.25	0.03
	组织（后测）	12.80	35	2.46		
第 4 组	词汇（前测）	11.41	35	2.91	−1.10	0.28
	词汇（后测）	11.99	35	2.34		
第 5 组	语言（前测）	14.39	35	2.71	−0.71	0.49
	语言（后测）	14.71	35	2.62		
第 6 组	拼写格式（前测）	3.24	35	0.52	−1.46	0.16
	拼写格式（后测）	3.40	35	0.54		

表 8-6　对照班前后两次写作测试的总分和分项得分的配对样本 t 检验

		平均分	人数	标准差	T 值	显著性（双尾）
第 1 组	总分（前测）	59.90	35	6.75	−1.40	0.17
	总分（后测）	61.96	35	8.20		
第 2 组	内容（前测）	18.51	35	2.85	−2.47	0.02
	内容（后测）	19.89	35	2.99		
第 3 组	组织（前测）	12.21	35	1.46	−1.89	0.07
	组织（后测）	12.70	35	1.53		
第 4 组	词汇（前测）	11.64	35	1.67	−0.12	0.90
	词汇（后测）	11.69	35	1.74		
第 5 组	语言（前测）	14.50	35	1.49	−0.59	0.56
	语言（后测）	14.76	35	2.12		
第 6 组	拼写格式（前测）	3.03	35	0.50	0.83	0.41
	拼写格式（后测）	2.93	35	0.53		

　　英语写作课的教师常抱怨学生的作文写得不够自然或者过多地使用错综复杂的句子。 而学生的英语电子邮件写作风格使人耳目一新，写得自然流畅，并随时会开始新的话题。 另外，学生在平时写作时常苦恼没东西可写。 事实上，他们缺少的不是见解，而是写作的目的。 在传统的写作课上，教师扮演着主要角色，而学生写作只是为了得到高分、得到老师的肯定，因而容易失去写作的主动性和积极性。 电子邮件键友活动中，学生在为一个真实的读者写作，而不只是为了老师写作，这使得学生有了强烈的写作动机，写作变成了一件有趣的事情。 一个学生在访谈中说："当我收到键友的回信时会很兴奋，这促使我更努力地学好英语。"因而学生对于电子邮件写作很投入，思绪泉涌。 他们对电子邮件交际的专注使他们把更多的注意力集中到邮件的内容和组织结构上，这或许是实验班的后测中的作文总分及内容和组织成绩有了显著提高的原因。

此外，学生通过写英语电子邮件，练习了口语化的语言，在平时的课堂上他们因为腼腆或害怕出错而缺少接触这种语言的机会。由于电子邮件的非正式性，通信者（尤其是美国学生）常常不仔细推敲文字。 电子邮件的写作风格是随意、自然、对话式的，包含一些不完整的句子，和传统的英语写作有一定的区别，因而对语言准确性的要求降低了。 这可以解释为什么电子邮件写作对学生作文中词汇、语言、拼写格式这几个项目的成绩提高影响比较小。

问卷调查和访谈的结果也验证了写作测试的结果。 表 8-7 是问卷中关于写作能力的调查结果。

表 8-7　写作能力

问题	平均值	标准差	人数
A01. 用英语写电子邮件有助于我的英语写作水平的提高	4.14	0.36	35
A11. 总的来说,电子邮件是个有用的练习英语写作的工具	4.26	0.44	35
A15. 我认为写英语电子邮件是学习英语写作的一种好方法	4.31	0.47	35
B08. 我在写英语电子邮件时,注意力更多地集中在信的内容上,而不是语法、拼写、形式上	3.71	0.83	35
B06. 写英语电子邮件促使我复习学过的单词	3.83	0.92	35

表 8-7 显示，关于写作能力的五个条目的平均值高达 4.05，其中分值最高的条目是 A15，均值为 4.31。 问卷结果表明，多数学生认为键友活动有助于写作水平的提高。 结果也显示，学生在写电子邮件时更注重交际的内容而不是语言形式。

第二，提供真实交际的机会。

社会交际是学习中的一个必需过程（Vygotsky, 1978），这一点对外语学习者来说尤其重要。 多数外语学习者学习的主要目的是能使用合适得体的外语和别人进行交际；外语教学的任务是为学生创造交际情景，使学生在交际中更注重语言的意义，而不受到语言的形式的阻碍（Littlewood，1981）。

在过去，外语教学的问题之一是教师不能创设有效的交际环境来提高学生的交际能力。由于难以设计活动来练习真实的语言，在传统课堂中使用真实自然的语言在一定程度上是一种幻想。老师们总是在寻找真实的语言材料和交际活动，努力使语言课堂对学生更富有吸引力。而现在，当学生和英语国家的键友进行通信时，他们有了真正的交际的需要，得到了真实的英语语言素材。同时写电子邮件还可以不受时间和地点的限制，学生能在任何时间和几乎任何他们喜欢的人交流。受访谈的学生提到，电子邮件中使用的英语是活生生的英语，不同于课本中的英语；也有学生觉得在给键友写信时，所用的英语会和平时作文所用的不一样。

此外，以电脑为媒介的交际的一个特点是具有"心理距离"，和面对面的交际比起来，其使学生在精神上的压力小得多（Marbrito，1991）。电子邮件写作能减少对犯错误的恐惧，时空的距离可以减弱任何负面反馈的影响。由于互相不是面对面，学生不会羞于表达自己的思想，即使是最胆小的学生也能从这种有意义的电子邮件交际中获益。

第三，增强学习动机。

表 8-8 列出了调查问卷中关于学习动机的题目的调查结果。

表 8-8　学习动机和兴趣

问题	平均值	标准差	人数
A02. 电子邮件键友活动没有使我更喜欢学习英语	2.03	0.75	35
A03. 英语电子邮件键友活动是有趣的	4.03	0.79	35
A05. 我觉得通过写英语电子邮件,我用英语写作的信心增强了	4.11	0.72	35
A08. 通过电子邮件键友活动,我用英语写作的积极性增强了	3.66	0.80	35

续　表

问题	平均值	标准差	人数
A20. 通过电子邮件键友活动,我英语学习的主动性增强了	3.51	0.74	35

　　动机是对学习材料的兴趣和热情,对学习任务的坚持(Crookes & Schmidt, 1991)。 Dornyei(1998)认为,动机是外语学习成功的关键因素,是开始外语学习的推动力,是坚持长期枯燥的学习的支撑。

　　此外,兴趣和动机紧密相连,兴趣是最好的老师。 当人们对所学内容感兴趣时,他们学得又快又好。 外语老师的一个重要任务是激发学生的外语学习兴趣。

　　如数据显示,受试者对键友活动有较高的参与动机(条目A03、A05、A08、A20的平均值是3.83)。 对于条目A02,学生同样有积极的态度(条目A02的意义是否定的,因而否定的回答表示了积极的意义)。 由于键友活动结合了电脑技术、快捷的速度、真实的读者等因素,很容易激发学生的学习动机。 当学生为分数或练习而写作时,他们不容易有强烈的动机;而当他们给真实的读者——他们的键友写信时,他们会很用心地去写,因为他们希望能顺利、有效地和键友交流。 如果学生的信件被英语国家的键友接收并且理解了,他们会很受鼓舞。 在访谈中,有学生谈到与键友的交流使她对英语写作更有信心了,因为她收到了回信,表明她的键友理解了她的英语信件。 在受访的10名学生中,有8名学生对键友活动感兴趣,有2名很感兴趣。 他们感兴趣的原因在于此次活动使他们感到所学的英语能真正地在现实生活中被运用。 教师往往希望学生具有因内部需要而产生的内在动机,而不是在外部刺激的作用下产生的外在动机。 因为内在动机是学生对某种事物的一种内在兴趣,不会轻易消失。 电子邮件在语言教学中的使用,正能培养学生的内在学习动机。

第四，提高自主学习能力。

电子邮件键友活动有助于提高学生的自主学习能力。 表 8-9 是调查问卷中关于学生在键友活动中自主学习的问题结果。

表 8-9　自主学习

问题	平均值	标准差	人数
A07. 电子邮件键友活动没有增强我的学习自主性	2.17	0.71	35
A10. 我觉得通过写英语电子邮件,我学习的自觉性有所改善	3.71	0.75	35
A18. 我能自我判断电子邮件键友活动对我的英语写作水平的提高有无效果	3.57	0.70	35
B13. 我有通过电子邮件键友活动提高自己英语写作水平的目标	4.06	0.68	35
B14. 通过写英语电子邮件,我比在课堂上更加独立地练习写作	4.00	0.69	35

Sinclair（1997）认为，"自主学习能力的培养，至少在一定程度上已经被公认为是教育的一个重要目标"（p.12）。 现代教育理论认为，对学习持积极、独立的态度，也就是成为自主学习者，对学习者是有益的（Benson， 2001；Little， 1991；Wenden， 1998）。 这个观点是建立在心理学的基础上的，即"惟一能对行为产生重要影响的学习方式是自我发现、自我调整的学习方式"（Rogers， 1991，p.276）。 Good & Brophy（1994：228）也指出，"确保学生能学有所获的最简单的方法是，尽可能地让他们有自由选择的权利和自主性"。

学生对问卷中关于自主学习问题的回答（见表 8-9）反映了键友活动促进了自主学习。 多数学生（条目 A10、B14、A18、B13 的平均值是 3.835）有通过写电子邮件提高英语写作能力的目标，他们能自我评价在这次活动中自己取得的进步，和键友的交流使他们成了更自主的学习者，尤其是腼腆的学生在这种轻松舒适的线上学习环境中会表现得比平时更活跃。

第五，提高跨文化交际意识。

表 8-10 是调查问卷中关于学生对文化方面问题的反馈。

表 8-10　跨文化交际

问题	平均值	标准差	人数
A04. 英语电子邮件键友活动对我了解西方文化没有帮助	1.91	0.70	35
A06. 电子邮件键友活动没有使我对西方文化产生兴趣	2.09	0.61	35
B12. 我的国外键友有时会在信中提到与他/她的国家的文化有关的内容	3.69	0.63	35

表 8-10 的数据反映了电子邮件键友活动给学生提供了了解不同文化的机会。

在访谈中，多数学生提到可以进行跨文化交际是写电子邮件的一大好处。 如一位学生说："能读到地球另一边的伙伴的来信，真让人吃惊。 从他们的来信，我可以更好地理解他们的文化。"

文化在第二语言的学习中扮演着重要的角色，习得第二语言的过程也是习得它的文化的过程。 如 Brown（1993）所言，"文化学习是第二语言学习的重要部分。 语言是文化的一部分，文化也是语言的一部分，两者是相互交织在一起的，所以我们不能把它们隔离开来"（p.165）。 Samovar & Porter（1995：153）指出，"如果一个人想学好一门外语，他必须熟悉这门外语的文化"（p.153）。

因此，为了成功地和以英语为本族语者交往，英语学习者如果仅仅掌握了足够的词汇和语法是不够的，他们应该熟悉可能影响到他们对英语理解的文化差异。 许多学生对英语国家的文化知之甚少，提高学生的跨文化交际意识的有效方式是让他们和英语国家的人交际。 电子邮件正可以被用来支持这种远距离跨文化的交际（Fedderholdt，2001）。 学生和不同国家的人之间的键友交流给他们创造了真实的交际任务，带来了真实的来自全球各地的读者。

通过这种交往，学生的跨文化交际能力得到了提高。

以下几段话出自学生的键友来信，显示了键友活动给学生提供了了解英语国家及其他国家文化的窗口。

Marc Monett（美国）写道：

Americans are hard working people（like in your country）. Americans love material possessions. More, more, and more!!! More is better!!! Americans love their cars. Americans "live to drive, and drive to live". The car is "king" in America!!! America is over 3000 miles wide. From the East to the West, you will find "big" cities, and small rural towns. You will find mass populations.

另一位美国人 Ryan 评论：

Do not be surprised that I am single. In America, singles are one of the fast growing groups. Marriage has been put off for personal achievement and business. America is the "Me country". What is going to happen to Me. What is good for Me. What will make Me happy. Most Americans do not care about the collective good, or social responsibilities.

新加坡女孩 Caroline 的描述：

Singapore has a multi racial society, where 3 main races live in harmony. We have the Malays, Indians and Chinese; these three are the main races. Singapore does not have 4 seasons like

China does： the weather is warm throughout the year. Although Singapore is very small， it's safe， at least safe enough to go out at night.

日本学生 Sachiko 写道：

Do you know any Japanese cooking? I think Susi is very famous （But I can't make Susi）. And Soba or Tempura is famous， I think. In general， Japanese celebrate weddings at churches， temples or hotels. After that， they hold wedding receptions and eat good cooks. During the reception， bride changes her costume once or twice. Generally they wear white wedding dress and kimono.

键友活动使学生有机会用自然的方式发现不同的文化背景。 通过这种跨文化交际活动，学生的自信心和对键友所在国的文化的理解都得到了增强。

第六，其他优点。

除了以上优点，电子邮件写作也有助于提高学生用英语思维学习英语的能力。 写作通常是作者的思维的体现，"思考和写作是相互依赖的过程"（Olson， 1991：147）。 表 8-11 是学生对问卷中关于思维能力问题的回答结果。

如表 8-11 所示，调查问卷中关于思维能力的三个问题的回答的平均值是 3.37。 然而对条目 A19，学生不是很赞同（A19 的平均值是 2.86）。

表 8-11　思维能力

问题	平均值	标准差	人数
A14. 我觉得通过写英语电子邮件,我思考问题的能力有所增强	3.54	0.78	35
A19. 在电脑上写电子邮件,我的思路比用纸笔写作更流畅	2.86	0.81	35
B09. 写英语电子邮件促使我用英语的方式思考	3.71	0.93	35

在访谈中,有同学提到,因为她打字和上网技术不熟练,所以她在写电子邮件时比较紧张,这影响了她的写作思路。 但是在电脑上写作,学生可以通过删除、复制、粘贴轻松地修改文章。 也有同学认为,由于电子邮件修改起来很方便,比起传统写作,思路会更活跃。 一位同学说,"当写电子邮件时,由于删除或添加词语便利,写起来觉得很自由,然而当我用纸笔写作文时,我得在动笔之前构想好完整的句子。"另一位同学评论说:"写电子邮件给了我思考的机会,用英语来组织我的思想的机会。"

此外,使用电子邮件交流有助于形成良好的师生关系。 电子邮件打破了时间和空间上的限制,并且收发迅速,邮件发出后几分钟内就可以被接收到。 因此,电子邮件不仅是外语教学中颇有价值的工具,在整个教育领域,也是如此。

电子邮件使用起来也很容易,并不需要什么专门的技术知识。即使是不太了解电脑知识的老师,也能够很快熟练地和学生用电子邮件交流。 如果学生在写电子邮件的过程中遇到技术上的问题,他们可以向其他同学寻求帮助,电脑技术好的学生往往乐意帮助电脑初学者。

电子邮件还有一个优点,它的载体并不局限于文本。 任何可以被数字化的资料都可以通过电子邮件传送,图片、声音、视频、软件等都可以像文本一样直接通过电子邮件发送(Wang, 2000)。

总之,尽管电子邮件的诸多个性化特点还有待进一步探讨,但显而易见，它是外语课堂的好帮手。

（2）缺点。

电子邮件应用到外语课堂的主要缺点有：

第一，因为电子邮件文体的非正式性，通信者在写信时往往不像传统写作时那样精益求精，从而对电子邮件写作的准确性有负面的影响。 以下为学生的电子邮件内容。

"In your letter， you told me about horse. I think you must very like it， in china. Horse are most time as a visit animal are don't as a pet."

"Now I think such a question： How our grandfathers could do without so many convenienees thar mordern technology has brought out."

"Go out for a walk every day. I can hisitated under the tree, and only to be met with a cold wind. I feel infinite confuse. What"s more， I remembered my future even more dazzler ."

这个缺点可以解释为什么写作测试显示，学生在键友活动结束后词汇、语言、拼写格式方面没有显著的进步。

第二，键友活动的特点之一是向学生展示生活化的真实自然的语言。 尽管一般来说，这点对学生有益，但还是可能会让学生接触到写得糟糕的英文。 以下句子摘自一位学生的泰国键友的来信：

"Loykrathong festival will strat in next week . Loykrathong is thai peopel worship god with stay at river. That day is full moon night. . Thai people will create krathong （it make by core banana plant make it beaifull） have a Platthing. or Loykrathong is annual festival held in thailand on a fullmoon day in november， consisting in floating toy boatsand candles on the river canals.（p.17）"

第三，硬件设备问题。多数学校没有足够的电脑可以让所有的学生同时使用。对于经济条件不太好的学生来说，上网的费用也是阻碍他们使用电子邮件的因素。

第四，社会交际中的焦虑。尽管多数学生喜欢键友活动，享受电子邮件给他们带来的富有创造性的社交活动，还是有些学生更喜欢传统的写作课堂，喜欢面对面地听老师讲解。一位学生在访谈中提到，键友活动使他感到学习负担加重，对于社交的焦虑增加，他更喜欢传统的纸笔写作。

针对键友活动存在的一些缺点或问题，教师在把它应用到写作课堂时需要加强管理和监督，尽量降低这些缺点的消极影响。

键友活动尽管存在一些局限性，但总体而言，该活动的优点要超过它的缺点。电子邮件在教育领域是具有潜能的新生事物，键友活动是有意义和有益的活动。

3.学生在键友活动中遇到的困难和解决方法

键友之间的通信对学生来说是有益的学习经历，然而学生需要一些时间来适应这个新的学习英语的活动。根据调查问卷，表 8-12 列出了学生遇到的一些困难。

表 8-12　键友活动中遇到的困难和问题

问题	平均值	标准差	人数
A17. 我在英语电子邮件写作时感到自己的词汇量不够	4.37	0.65	35
B03. 总的说来,我的键友给我的回信率低,这让我沮丧	3.23	1.40	35
B04. 我在电子邮件中,不能用英语清楚地表达自己的意思	3.17	0.89	35

续　表

问题	平均值	标准差	人数
B05. 键友的来信我多数看不懂	2.09	0.88	35
B07. 我在参加这次电子邮件键友活动前还从未使用过电子邮件	4.03	1.44	35
B10. 我的键友的来信通常太简单,令我不快	2.80	0.99	35
B11. 我有时会因为文化差异而不太理解国外键友的某些来信内容	2.94	0.87	35

根据表 8-12 和对学生的访谈，以下是在写作课堂应用电子邮件活动时学生遇到的主要困难。

第一，写作能力不足。

与国外键友的交流需要双方都比较熟练地掌握英语，而这一点并不是所有的英语学习者都能做到的。当前，英语写作还是中国英语学习者的软肋。在这次活动中，写作能力不足是学生在键友活动中遇到的主要困难（条目 A17 的平均值为 4.37，条目 B04 的平均值为 3.17）。在访谈中，一位学生说："如果我写得乏味平淡，我担心我的键友不回信，所以我得写得生动些，但我不知道怎样才能写得生动。"同样，有两位学生提到，由于词汇量的贫乏，他们不能清楚地表达自己的观点。笔者读了学生的信件，也发现存在不少中式英语的句子和拼写错误。

为了解决这个问题，需要学生提高他们的语言能力，阅读是增加词汇量和提高写作技巧的有效方式。Stotsky（1983）认为，"对于提高写作能力来说，阅读和写作本身一样重要"。阅读给写作提供了大量的素材，使学生熟悉所学外语的文化背景（Raimes, 1983）。

第二，键友不回信。

键友活动中学生碰到的另一个常见的困扰是键友不回信（条目 B03 的平均值为 3.23）。如果每天查信箱，期盼来信，却一无所获，这对谁来说都是令人气馁的事情。 学生评论说，"如果没有收到回复，真是令人沮丧"。

处理这个问题时，第一，需要检查学生是否正确上网了，以及网络是否畅通。 有些学生不能正常收发信是由于网络不稳定或免费邮件服务器的故障，而这种情况不是学生能左右的，可以建议学生更换稳定的电子邮箱。 如果学生不具备上网的条件，只能放弃参加键友活动。 第二，教师有必要在活动开始前就和学生说明有收不到回复的可能性，假如真的遇到这种情况，学生也就不会太失望了。教师也可以把班上的学生分成几个小组，小组成员共享彼此的键友来信，这样那些没有得到回复或者收到回复很少的学生也能够参与到活动中来。 教师需要对没有收到键友回复的学生给予更多的关心。 如果键友活动是在不同国家的两个班级之间开展的，建议两位负责教师可以保持联系，如一周一次的通信。 第三，教师也应指导学生如何写好电子邮件。 有些学生不善于把信件写得让键友感兴趣，这也会导致和键友的关系疏远。 学生如果希望了解键友的情况，教师就可以建议学生先谈谈自己的情况，向键友展现自己是怎么样的人，也就是多写点关于自己的内容。 例如，如果他们想知道键友的年龄，他们应首先告诉键友自己的年龄。 针对有些学生会碰到写信时没话可说的情况，教师也可以给学生提供一些话题。 第四，教师需在活动前考虑学生的英语水平。 如果学生的英语水平尚未达到高级的程度，他们除了可以寻觅以英语为母语的人做键友，也可以选择非英语国家的英语学习者为键友。 以英语为母语的人有可能会因为学生的英语语言表达能力较差而失去联系的兴趣。 如果学生使用英语交际的能力较强，那么与以英语为母语的人通信则是非常理想的，他们可以因此接触到真实实用的英语。

另一个解决方法是，让学生寻找两个以上的键友，从而不至于因为收不到某个键友的来信而使键友活动无法继续下去。

第三，电脑操作上的困难。

有的学生在操作电脑和上网时会遇到各种障碍。 调查问卷中的条目 B07 "我在参加这次电子邮件键友活动前还从未使用过电子邮件"的平均值是 4.03（分值 1 是完全不符合，分值 5 是完全符合）。 学生在这个条目上的回答差异较大，也就是说，他们在活动前使用电子邮件的情况差异较大（标准差是 1.44）。 而且，打字对于许多第一次使用电脑的学生来说也是个难题。 这些技术上的困难会直接影响学生的动机和表现。 因此，教师在活动开始前先要指导学生打字方法和电子邮件使用方法。

4. 电子邮件对第二语言话语的影响

Baron（1984：136）认为，以电脑为媒介的交流，不但影响了交流的内容，也影响了交流时表达的方式。 电子邮件写作既有口语的特征又有书面语的特征（Marcus，1995；Murray，1996；Yates & Orlikowski，1993）。 笔者的学生在使用电子邮件写作时使用了较多的个性化的、富有表现力的、类似对话的语言，这种语言和口语有类似之处。 例如，常常使用 "OK" 和 "well"。 在传统的课堂上他们由于腼腆或者害怕出错而较少使用这种语言。 就如González-Bueno（1998）所说，使用电子邮件的结果是，"形成一种既具有口语的自然鲜活的特征又有书面语的准确和连贯的特点的语言形式"（p.60）。

语言简洁是电子邮件语言的另一个特点。 学生在进行电子邮件写作时叙述简要，定语较少，有时采用词语的缩写形式，如用 "u" 代替 "you"，用 "r" 指代 "are"， 用 ICQ 表示 I seek you；同时，冠词 "a" 和 "the"，系动词 "be，seem，appear" 和大写常常被省略；语法错误时有发生，如主谓不一致、动词时态用错。 他们的信件很少包含 "附加" 的内容，如日期、地址、正式的问候。此外，学生常常使用由字符组成的图示（Emoticons / Smiley），如笑脸 "：）"。 这些方式把口语元素加入书面文体中，增强了交流的趣味性，使电子邮件的写作速度加快，阅读速度也加快。 以下为写电子邮件时常用的图示和短语缩写形式：

:—) or :) 微笑	:—(or :(难受	^_^ or :—D 大笑
;—) 眨眼	:—] 傻笑	? _? 迷茫
:—e 失望	:—0 吃惊	X—(生气
:—L 沮丧	:"> 害羞	@);— 玫瑰
~o) 咖啡	:(|) 猴子	

每个字母都大写表示大叫。

星号表示强调。

短语缩写包括 IMHO（in my humble opinion）， LOL（laughing out loud）， ROFLOL（rolling on the floor laughing out loud）， FYI（for your information）， BTW（by the way），ICQ（I seek you）and IMO（In my opinion）。

英语电子邮件的表达方式尚未被传统的英语写作所接纳，然而随着互联网的迅速发展和进步，这种英语语言形式将会逐渐融入我们通常认为的标准英语中。

5.关于开展键友活动的建议

键友活动中，教师需要激发学生的兴趣、动机和帮助学生使用电子邮件，因为线上活动的成功与否取决于学生是否积极地参与其中。 以下是对开展键友活动的教师的一些建议：

第一，键友活动应整合入课程计划中去，而不是作为一项附加活动（Warschauer & Whitaker, 1997）。 这里存在两种类型的基于网络的键友活动：一种属于课程的附加活动，另一种是整合入课程的活动。 Bruce Roberts, IECC（the Intercultural Email Classroom Connections program）的负责人，他认为存在两种选择，即①把电子邮件活动作为教学附加活动，如同偶尔邀请一位演讲者给学生做报告；②把键友活动作为完整的教学活动整合入课程中，如同使用了一本新的教科书，会带来显著不同的教学结果（Shetzer & Meloni）。 当键友活动被整合入课程时，教师的调停会更有效，教学结果也会更令人满意。 "当电子邮件活动真正融入课堂交际活动中时，会带来教学形式的明显改变"（Warschauer, 1995, p. 95）。

在整合时，需考虑到许多因素：学习者，教师，课程，学习环境。 当学生能在寝室或图书馆或计算机中心方便地上网时，键友活动就容易顺利开展。 学生应该利用与键友的交流加深对课本上英语语言知识和他们在课堂上学到的英语国家的文化知识的理解；通过键友活动比较他们从课本、英语老师、英语国家的键友处了解到的文化信息；在与键友交流时练习他们在课堂上学到的语言形态。 教师也可以利用这种交流活动，鼓励学生加强探索问题和解决问题的能力，促进教学目标的实现（Linder, 2000）。

第二，在开展键友活动之前，教师有必要花些时间教会对电脑外行的学生如何使用电脑、如何收发信件，这有助于帮助学生减少进行键友活动的障碍。

第三，教师应该把键友活动介绍给学生，包括告诉学生国际键友交友网站的网址，要求他们寻找两位以上的键友，并告诉学生怎样写好自我介绍的电子邮件。 网上有很多国际键友交友网站，学生可以在那里注册，并选择有相似兴趣的人做键友。 如果教师能把自己的班级和国外的班级结对子更为理想，这样两个班级的负责教师可以很容易地在活动中监督和管理学生，确保每位学生都能收到键友的回复。 为了降低活动中断的可能性，结对的班级的学生宜年龄相仿，人数相当。

第四，在建立了与键友之间的联系后，教师应鼓励学生至少和键友一个月联系一次，并给学生提供一些话题。 在开始阶段，话题可以是姓名、地址、家庭、朋友、宠物、兴趣、学校等等。 而当学生和键友比较熟悉之后，他们可以利用电子邮件表达思想观点，和键友探讨文化差异。 教师有必要指导学生掌握进行有效交际所需的语言技能，提供学生常用的写书信开始、结束、问候等的句型或短语。

第五，为了确保学生定期和键友通信，教师可以要求学生提交他们的电子邮件副本，作为他们参与键友活动的证明。 但有时候学生的信件包含一些私人的信息，这时可以让学生做一份通信记录，包括信件日期、行数、来往信件的大致内容。 教师通过这份记录来了解学生的活动进程。

电子邮件的写作风格通常比较随意，所以邮件可能比传统作文有更多的错误。 出错是语言学习中很常见的现象，教师没有必要不断地纠正学生的错误（Harris，1996）。 过多地纠错会使学生的交际愿望受挫，活动的趣味性降低。 然而如果学生需要的话，他们应能从教师处随时得到指导和支持。 此外，教师也不应是给学生的电子邮件写作进行反馈的惟一人选，学生之间可以互相检查所写的电子邮件是否有误，这也符合网络教学以学生为中心的理念。 学生之间互相查错有助于加强团结合作，增加读者意识，交流思想，并且学生们似乎认为给别人的作文找错要比检查自己作文中的错误来得容易。 当然在发出信件前学生自己检查一遍也是必要的。

现在，把电子邮件作为教学工具使用还处于尝试阶段，这对一些教师来说是富有挑战性和吸引力的事情。 但对于另一些教师，这可能会让他们觉得不适应。 教师们必须乐于尝试和接受新事物。

6. 局限性

本部分研究的局限性主要包括：

首先，通过键友活动促进学生的英语写作能力的长期效应没有在本研究中得到体现。 这里得到的结果是建立在采用小样本且较短时间的调研基础上的。 结果显示，学生对键友活动有积极的态度，但是他们的热情是否会随着时间的流逝而减淡？ 期待进一步的研究来探讨这个问题。

其次，笔者通过调查问卷、访谈、写作测试、学生的电子邮件来观察学生写作能力的变化。 其中，写作测试通常用来衡量正式文体的写作能力，用来测量电子邮件这种非正式文体的写作水平不是很合适。

最后，因为笔者是学生的任课教师，同时也是访谈者，或许在访谈中学生会心有顾忌，不愿意批评这次活动。 对于这一点，笔者在进行调查问卷和访谈前已告诉学生，让他们诚实地反映真实情况。 此外，尽管学生不需要在调查问卷上署名，但还是不能保证学生一定能确切地报告他们在键友活动中的真实情况。

本章从理论和实践的角度讨论了英语写作中的电子邮件键友活动。 调查研究的结果表明，学生对英语电子邮件键友活动的态度是积极的，对该活动的兴趣很高，对此较为满意。 该活动在英语写作教学中所体现出来的优势有：①它对学生写作能力的提高有较大的促进作用。 在键友活动前，实验班写作成绩的平均分比对照班低，键友活动后写作成绩却超过了对照班。 然而，独立样本 t 检验结果表明，实验班前后两次写作成绩的不同和对照班之间没有显著差异。 这或许是由调研时间较短和电子邮件文体的非正式导致的。配对样本 t 检验显示，实验班前后两次写作测试的总分、内容和组织项的分数有显著提高。 此外，调查问卷结果、访谈记录和学生的邮件也证明了实验班学生在英语写作能力上的进步。 ②电子邮件作为一种新的信息交流方式，为学生提供了很好的真实且自然的交际讨论机会，使他们的写作成为一种有真实读者的交流行为。 ③此次活动调动了学生写作的积极性和主动性，激发了学生用英语写作的动机。 ④逐步提高了学生自觉写作的能力，真正实现了以学生为中心的教学。 ⑤学生通过电子邮件形式进行写作，还可以与世界各地的人展开跨文化的交流活动，增强了跨文化交际能力，丰富了文化知识。 我们在研究中也发现了英语电子邮件键友活动的不足之处，例如，由于电子邮件的非正式性，对语言的准确性的要求有所降低。 电子邮件键友活动也给学生带来了一些新问题和困难，如键友回复少、学生词汇量贫乏等。 因此，在这种活动中要注意克服这些问题所带来的负面影响。

此外，本章提到了英语电子邮件的风格：学生的电子邮件在语言形式上不拘一格，文体风格比较简洁，兼具书面体和口语体的特征，并常常采用由字符组成的图释等。 同时，本章根据调查研究的结果，对进一步开展英语电子邮件活动提出了若干建议。

总之，电子邮件键友活动能积极有效地辅助英语写作教学，具有广阔的发展前景。

附　录

关于电子邮件键友活动的调查问卷

性别：　　　　　出生年月：

以下问卷是用来调查电子邮件在英语教学中的应用。请根据你自己的观点和经历实事求是地回答，问卷不存在"正确"或"错误"的答案，所得数据将只用于研究。

A 部分　观念

请在每句话前的括号内填写符合你观点的数字：

1＝完全不同意；2＝不同意；3＝不知道；4＝同意；5＝完全同意。

如在句子"用英语写电子邮件有助于我的英语写作水平的提高"前的括号内填"3"［如（3）用英语写电子邮件有助于我的英语写作水平的提高。］，表示我不知道用英语写电子邮件是否有助于我的英语写作水平的提高。

（　）A01. 用英语写电子邮件有助于我的英语写作水平的提高。

（　）A02. 电子邮件键友活动没有使我更喜欢学习英语。

（　）A03. 英语电子邮件键友活动是有趣的。

（　）A04. 英语电子邮件键友活动对我了解西方文化没有帮助。

（　）A05. 我觉得通过写英语电子邮件，我用英语写作的信心增
　　　　强了。

（　）A06. 电子邮件键友活动没有使我对西方文化产生兴趣。

（　）A07. 电子邮件键友活动没有增强我的学习自主性。

（　）A08. 通过电子邮件键友活动，我用英语写作的积极性增强了。

（　）A09. 我对用英语写电子邮件没有自信心。

（　）A10. 我觉得通过写英语电子邮件，我学习的自觉性有所改善。

（　）A11. 总的来说，电子邮件是个有用的练习英语写作的工具。

（　）A12. 写英语电子邮件没有带给我成就感。

（　）A13. 写电子邮件是轻松愉快的。

（　）A14. 我觉得通过写英语电子邮件，我思考问题的能力有所
　　　　增强。

（　）A15. 我认为写英语电子邮件是学习英语写作的一种好方法。

（　）A16. 我对电子邮件键友活动感到满意。

（　）A17. 我在英语电子邮件写作时感到自己的词汇量不够。

（　）A18. 我能自我判断电子邮件键友活动对我的英语写作水平的
　　　　提高有无效果。

（　）A19. 在电脑上写电子邮件，我的思路比用纸笔写作更流畅。

（　）A20. 通过电子邮件键友活动，我英语学习的主动性增强了。

B 部分　行为

请在每句话前的括号内填写符合你行为的数字：

1＝完全不符合；2＝不符合；3＝不确定；4＝符合；5＝完全符合。

（　）B01. 我不会建议我的朋友也来写英语电子邮件。

（　）B02. 在这门课结束后我不会继续英语电子邮件键友活动。

（　）B03. 总的说来，我的键友给我的回信率低，这让我沮丧。

（　）B04. 我在电子邮件中，不能用英语清楚地表达自己的意思。

（　）B05. 键友的来信我多数看不懂。

（　）B06. 写英语电子邮件促使我复习学过的单词。

（　）B07. 我在参加这次电子邮件键友活动前还从未使用过电子
邮件。

（　）B08. 我在写英语电子邮件时，注意力更多地集中在信的内容
上，而不是语法、拼写、形式上。

（　）B09. 写英语电子邮件促使我用英语的方式思考。

（　）B10. 我的键友的来信通常太简单，令我不快。

（　）B11. 我有时会因为文化差异而不太理解国外键友的某些来信
内容。

（　）B12. 我的国外键友有时会在信中提到与他/她的国家的文化
有关的内容。

（　）B13. 我有通过电子邮件键友活动提高自己英语写作水平的
目标。

（　）B14. 通过写英语电子邮件，我比在课堂上更加独立地练习
写作。

第九章　基于思维导图的开放性英语学习者模型研究

一、思维导图介绍

东尼·博赞在 20 世纪 60 年代发明了思维导图。 思维导图是一种可视图表，是一种整体思维工具，是一种将辐射性思维具体化、形象化的有效方法。 它可以将分散的信息集成到一个完整的系统中，可应用到所有认知功能领域，尤其是记忆、创造、学习和各种形式的思考中。

思维导图是一种思维工具。 所谓思维工具，是指那些便于学习者呈现他们学习的内容而采用或开发的工具和学习环境。 而作为一种思维工具的思维导图，实质上它表现的是一个思维过程，学习者可以通过思维导图理清思维的脉络，并可供自己或他人回顾整个思维过程。 而作为一种表征知识的工具，思维导图可以成为智能伙伴，让学习者变得更加聪明、更有智慧。 学习者能借助思维导图将抽象的事物形象具体化，可以提高发散思维能力、创新能力。 总之，思维导图更符合人类的形象思维与创新思维。 思维导图就是这样一种以生动形象的独特风格吸引人们的注意力，以突出重点、发散思维、激发创造力的优势而促进人类学习的思维工具。

思维导图是一种知识可视化工具。 可视化是指将抽象的事物或过程变成图形图像，在人们面前直观形象地展现出来，从而达到增强认知的目的。 知识可视化是指应用视觉表征手段将知识形象化、外显化，从而促进知识的传播与创新。 其实质是用图解的方式将知识表示出来，然后直接作用于人的感官。 可视化工具能使抽象问题具体化、形象化，有助于学生对知识概念的理解，这是静态的、线性的文字形式无法企及的。 思维导图使用丰富的图形图像、多样的色彩、多种符号线条、变幻的维度等构图，将文字资料图片化、将抽象信息形象化、将隐性知识显性化。 总之，思维导图即是用画图的方式把自己的思维画出来，其呈现的信息是可视化的。

思维导图是将放射性思考具体化的一种方法。 放射性思考是人类大脑的自然思考方式。 思维导图正是基于这样的思考绘制完成的，是放射性思考的具体表现，导图的中心主题即是这颗"种子"，而后繁殖出茂盛的可见的枝枝叶叶。 从思考的分类看，这种思考方式应该属于水平思考与垂直思考的结合。 垂直思考是把同一个洞越挖越深，水平思考则是在别的地方另挖一个洞。 观察一幅思维导图时，要把视角放在最初的思考焦点中心主题上，无限的放射性思考是水平思考的表现形式，再把视角沿着任意一个次级思考焦点或次主题追寻下去，无限延伸的思考则是垂直思考的表现。 如果一条道走到黑，不可避免地会走进死胡同，而如果愿意尝试走多条道路，从多角度去观察事物，或许能够发现新大陆，产生全新的想法与巧妙的创意。 这正是思维导图的最大优势所在。

思维导图是开启大脑潜能的万能钥匙。 它将左脑的词汇、数字、逻辑、分析、顺序、线性感，以及右脑的节奏、想象、色彩、维度、空间感、完整倾向等各种因素调动起来，把一长串单调枯燥的文字信息变成具有高度组织性的、利于记忆的、彩色的图。人类大脑的思维即这样呈现出发散性的网状图像。 因此，思维导图恰是人类大脑思维的真实体现。 但是，我们平常使用的线性的文字资料基本上只是使用了左脑的功能获得的。 而思维导图的制作则是要把左脑与右脑的功能结合起来，使左右脑功能协作互补，发挥全脑工作优势，展示出系统的、完整的、各种思维方式有机聚合的作用。

综上所述，思维导图有如下特点：

（1）中央图像不可或缺。 每一幅思维导图都会使用形象而醒目的图像置于中央作为中心主题，这样可以自动地吸引人们眼光和注意力。 如果有很特别的词不方便使用某图像代替，则需要将这个词放在思维导图的中心地位，也可以使用色彩、增加层次感、变换词形等增强吸引力，总之使用吸引人的外形来使之变成图像。

（2）图形遍布思维导图。 只要有可能，在思维导图中就使用图形。 图形除了能够吸引人们的注意力，还可以触发无限联想，是一个极其有效的帮助记忆的方法。 与语词比较，大脑更倾向于接受图形。

（3）关键词的使用。 思维导图中虽然以图形图像为主，但是也少不了关键字与关键词的使用。 思维导图并不会完全排斥文字，而是更强调融图像与文字的功能于一体。 在实际中，虽然有单独使用关键词和关键字的情况，并分布在分支线条上，但是一般更倾向于与图形图像一起使用，起解释导引作用。

（4）多色彩。 色彩增加了导图的生动性与活力，可以增强记忆力与创造力。 因此，我们要尽量避免使用单调的信息。

（5）曲线的使用。 大脑容易对直线产生厌烦倦怠情绪。 思维导图中的曲线和分支，犹如大树上奇美的树枝，更能吸引眼球，激发想象力，因为曲线更符合自然，包含更多的美的因素。

以上这些是思维导图的普遍特点。 东尼·博赞明确指出，"正是这些特点使得思维导图成为知识之间建立联系的有效工具"。 此外，东尼·博赞还在《思维导图》一书中描述了思维导图的四个基本特征：一是注意的焦点显著地集中在中央图形上；二是主题的主干作为分支从中央图形向四周发散；三是分支由关键的图形或者写在能引发联想的线条上的关键词构成，次要话题也以分支形式表现出来，附在较高层次的分支上；四是各分支形成一个连接的节点结构。

二、基于思维导图的开放性英语学习者模型

学习者模型记录了学习者在系统中的各类信息。然而，学习者模型中所有的内容都是封闭式的，对学习者来说就是一个"黑匣子"，学习者不知道学习者模型中所包含的内容。为了打开封闭的学习者模型，让学习者了解学习者模型中的全部或部分内容，需要向学习者开放他们的学习者模型。下面阐述一种基于思维导图的开放性英语学习者模型。

思维导图可以将课程中所涉及的知识单元、知识点构建成有机的脉络体系，呈现知识单元和知识单元、知识单元和知识点、知识点和知识点之间的层次关系与思维顺序关系，实现知识单元和知识点表征的可视化。手绘方式绘制的思维导图比较普遍，在实际教学中应用于各领域的各个学科。作为一种认知工具，它不仅可以帮助学习者提高学习效率，同时作为一种教学策略，也可以提高教学效率。但是，将思维导图作为一种网络在线学习工具存在两个瓶颈：一是思维导图的开发需要懂得编程的开发人员完成；二是开发工作量大，花费的时间较多。

本部分开放性英语学习者模型包含个人信息、课程知识状态、学习行为及其他个性特征。学习者模型所包含的信息量大，不可能将学习者模型的全部内容在一个可视化视图中呈现出来，因此在设计可视化视图时应有选择地将有用的核心要素呈现给学习者。因此，本部分重点考虑如何将英语学习者模型中的语法知识状态以思维导图的可视化形式呈现出来，所呈现的可视化视图表示英语学习

者个人在英语语法上的学习进展。 本部分将基于思维导图的学习者
模型可视化视图命名为 English Mind Map（EMM）。 EMM 是一
种开放性学习者模型。

　　EMM 是在开源代码 JSMind 的基础上设计开发的，对思维导图
的界面和界面特性进行了改进，融入学习者在语法各知识点的学习
进展。 EMM 是一个可自由缩放的思维导图，如图 9-1、图 9-2 所
示，中间的长方形表示英语语法项目的名称——时态，分支表示各
种时态的学习进展。 各分支在没有展开时，节点的一侧会有一个
"＋"，表示相应的知识单元还有下一级，可以点击对其展开。 反
之，学习者可以通过点击符号"－"缩小可视化视图，也可以查看
自己在各语言点上的局部学习进展。 EMM 实现了自如的缩放，学
习者可以依据自己的偏好、需求设计 EMM 呈现的内容形式，方便
自己的学习。

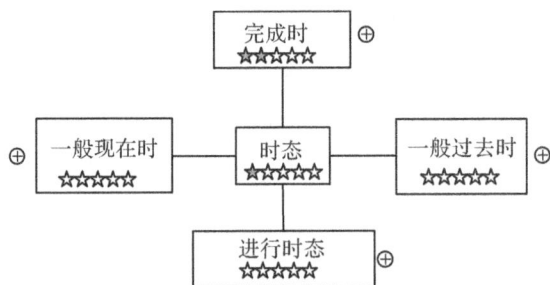

图 9-1　EMM 英语动词时态学习进展（节点未展开）

　　EMM 采用五角星表示学习者在各知识点上的学习进展，五颗
五角星的不同组合表示不同的学习进展级别，如表 9-1 第一列和第
二列中，分别是：①五颗空心五角星，表示学习者还没有学习相应
的知识点；②一颗实心五角星和四颗空心五角星，表示学习者在相
应知识点的学习进展非常不好；③两颗实心五角星和三颗空心五角
星，表示学习者在相应知识点的学习进展不好；④三颗实心五角星
和两颗空心五角星，表示学习者在相应知识点的学习进展一般；⑤
四颗实心五角星和一颗空心五角星，表示学习者在相应知识点的学

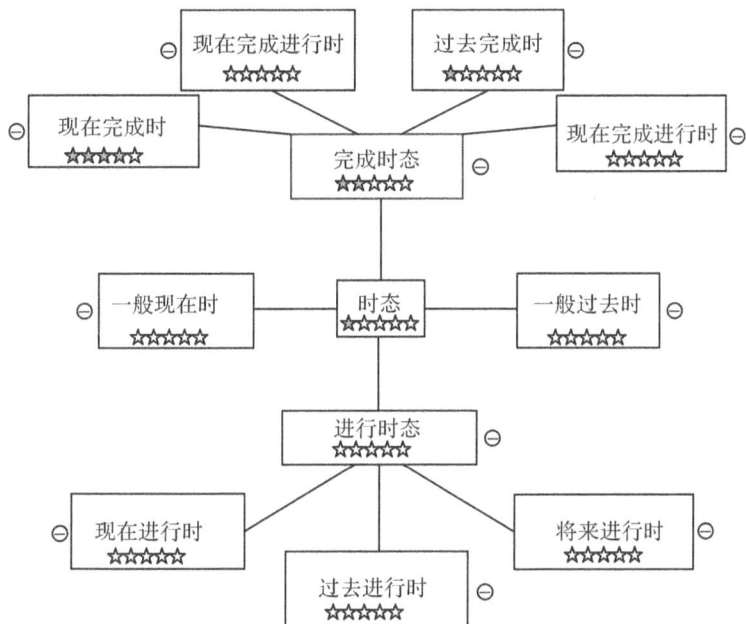

图 9-2　EMM 英语动词时态各节点学习进展

习进展好；⑥五颗实心五角星，表示学习者在相应知识点的学习进展非常好。 学习进展级别与学习者在各知识单元和知识点上的知识水平相关。 本部分的知识水平的取值范围为 [－4，＋4]，依据项目反应理论，选取 KLVALUE1 ＝ － 4、KLVALUE2 ＝ － 2、KLVALUE3 ＝ － 1、KLVALUE4 ＝ 1、KLVALUE5 ＝ 2、KLVALUE6＝4 六个点将学习者知识水平分为 5 段，对应 5 种知识水平级别。 其中，[－4，－2] 对应知识水平级别很低，[－2，－1] 对应知识水平级别低，[－1，＋1] 对应知识水平级别中等，[＋1，＋2] 对应知识水平级别高，[＋2，＋4] 对应知识水平级别很高，如表 9-1 第三和第四列所示。 由表 9-1 可知，五颗五角星组合、学习进展级别、知识水平范围和知识水平级别之间的对应关系。

表 9-1   五角星组合、学习进展、知识水平之间的关系

五颗五角星组合	学习进展级别	知识水平范围	知识水平级别
☆☆☆☆☆	没有学习	无	无
★☆☆☆☆	非常不好	[KLVALUE1,KLVALUE2]	很低
★★☆☆☆	不好	[KLVALUE2,KLVALUE3]	低
★★★☆☆	一般	[KLVALUE3,KLVALUE4]	中等
★★★★☆	好	[KLVALUE4,KLVALUE5]	高
★★★★★	非常	[KLVALUE5,KLVALUE6]	很高

EMM 将英语学习者模型中的课程知识状态以思维导图和五颗五角星的组合形式呈现。 EMM 具备两种功能：

（1）激发学习者运用学习规划方面的元认知技能，引发元认知学习体验。

EMM 能够帮助学习者掌握英语语法体系结构，为学习者呈现其本人在英语语法学习上的全局或局部学习进展。 通过查看 EMM 可视化视图，学习者能够对英语语法学习进展情况从宏观上有一个整体的认识，这有利于学习者系统地把新知识纳入认知结构。

EMM 能够帮助学习者规划学习路径，呈现出知识单元和知识单元、知识单元和知识点、知识点和知识点之间的逻辑关系，而且是按照逻辑链的顺序呈现的。 因此，学习者通过查看 EMM，对课程的全局学习进展或局部学习进展会有一个整体认识，这样学习者就会依据在知识单元和知识点上的学习进展情况规划学习路径。 以动词时态为例，学习者展开时态的所有层级，便会对时态有一个全面的了解。

EMM 能够帮助学习者识别学习某个知识点前所需要预先掌握的知识点，能帮助学习者了解新旧知识之间的关联关系，能够让学习者对要学到的新知识有一个总的认识。 因此，学习者通过查看 EMM 所呈现的知识单元和知识单元、知识单元和知识点、知识点和知识点之间的层级关系，能清楚地意识到在学习某个知识点前需

要预先掌握哪些知识点。

EMM 能够清楚地指明学习者下一步需要学习的知识点。EMM 给学习者提供了英语课程中知识单元和知识点的整体学习进展视图，起到全局导航的作用，使学习者可以根据自己的思维过程控制导航过程，从而使学习资源呈现过程符合学习者对课程内容的理解过程。 通过观察 EMM 上各知识单元及知识点上的学习进展，学习者能够了解到自己已经掌握哪些知识单元或知识点，还需要进一步学习哪些知识单元或知识点。 由于本部分所有的学习资源都是和知识点进行关联的，所以当学习者点击节点时，系统会弹出一个对话框提醒学习者选择知识点，只有在学习者点击知识点时，才能对与该知识点相关的学习资源进行学习。

EMM 能够让学习者对学习进展不好的知识点倾注更多的时间。 EMM 通过五颗五角星的不同组合形式表示学习者在知识单元和知识点上的学习进展情况。 如果整个可视化视图的任意节点上都是空心的五角星，学习者可以意识到自己还没有开展对任意一个知识点的学习，学习者就可以选择一个知识点作为当前的固着点进行学习，也可以选择由系统推荐一个知识点进行学习。 如果节点上至少有一颗实心五角星，学习者可以意识到自己已经对该知识点进行了学习，但对所学的知识点的掌握程度存在差异，学习者可以观察到自己在哪些知识点的学习进展不好，需要在该知识点上倾注更多的时间，对于那些学习进展很好的知识点，就不需要花费太多的精力。

（2）激发学习者运用自我反思方面的元认知技能，引发元认知学习体验。

EMM 能让学习者反思自己在哪些知识点上学习不足。 学习者通过查看课程中各知识点的学习进展，反思自己在学习进展不好的知识点上是否花费足够的时间，是否理解和掌握该知识点中所提供的文本、视频学习资源，是否正确解答该知识点中所提供的测试题，是否及时回顾文本和错题，是否充分利用学习提示、详细步骤等学习帮助，找出自己在知识点上学习不足的原因，从而不断地提高对知识点的学习水平。

　　EMM 能让学习者反思各知识点学习进展之间的差异。 学习者通过查看各知识点上五角星不同组合形式，能够区分出处于非常不好、不好、一般、好、非常好和没有学习过六种学习进展级别的知识点，从而反思各知识点的学习进展之间存在差异的原因，例如自己为什么没有学习某个知识点，学习进展不好的知识点是否比较难以掌握，是否因为前提知识点没有掌握而导致该知识点的学习进展不好，等等。

三、EMM 的源代码

　　EMM 是在开源代码 JSMind 的基础上进行编辑而实现的，EMM 的源代码如栏目 1 所示。 其中，重点编辑的部分是变量 data 和函数 leveltostars，函数 leveltostars 将思维大图中所有节点的知识水平转换为对应的五角星组合，存续在/js/func. js 中，如栏目 2 所示。

栏目 1　EMM 源代码

```
< % @ page language = "java" contentType = "text/html; charset = GBK"
    pageEncoding = "GBK" % >
< % @taglib prefix = "c" uri = "http://java. sun. com/jsp/jstl/core" % >
<! DOCTYPE html PUBLIC " - //W3C//DTD HTML 4.01 Transitional//EN"
  "http://www.w3.org/TR/html4/loose.dtd">
<html>
<head>
< %
    String path = request.getContextPath();
% >
```

```
<meta http-equiv="Content-Type" content="text/html;charset=GBK">
<link type="text/css" rel="stylesheet"
href="<%=path%>/jsmind/style/jsmind.css" />
<script type="text/javascript" src="<%=path%>/jsmind/js/jsmind.js">
</script>
<script type="text/javascript"
src="<%=path%>/jsmind/js/jsmind.draggable.js"></script>
<jsp:include page="/include.jsp"></jsp:include>
<script type="text/javascript" src="<%=path%>/js/func.js"
charset="GBK"></script>
<title>基于思维导图的开放性学习模型</title>
<style type="text/css">
    #jsmind_container{
      width:1900px;
      height:2800px;
      border:solid 1px #ccc;
      background:#f4f4f4;
      }
    jmnode{background-color:#1abc9c;color:#ffffff;font-size:13px;}
</style>
</head>
<body>
<table>
</table>
<div id="jsmind_container"></div>
<div id="dlg" class="easyui-dialog" title="学习"
    data-options="modal:true,closed:true"
    style="width:800px;height:600px;padding:10px">
  <iframe scrolling="auto" id="openframe" frameborder="0" src=""
Style="width:100%;height:100%;"></iframe>
</div>
<script type="text/javascript">
$(function(){
var data = [
{"id":"book${book.get("id")}", "isroot":true,
"topic":"${book.get("title")}", "level":"${book.get("level")}"},
<c:forEach var="c" items="${chapters}" varStatus="status">
    {"id":"chapter${c.get("id")}", "parentid":"book${c.get("book id")}",
"level":"${c.get("level")}","topic":"${c.get("title")}",
"level":"${c.get("level")}"<c:if test="${status.index>1}">,
"direction":"left"</c:if>},
```

```
</c:forEach>
<c:forEach var = "l" items = " ${lessons}" varStatus = "status">
{"id":lesson ${l.get("id")}, "parentid":chapter ${l.get("chapter_id")},
"topic":${l.get("title"), "level":${l.get("level")}}},
</c:forEach>
<c:forEach var = "k" items = " ${knowPoints}" varStatus = "status">
{"id":know ${k.get("id")},"parentid":lesson ${k.get("lesson_id")},
"topic":${k.get("title")}, "level" :${k.get("level")}},
</c:forEach>
];
leveltostars(data, ${book.get("id")});//如图 6.6 所示
var mind = {
     "meta":{
       "name":"基于思维导图的开放性学习者模型",
       "author":"wang",
       "version":"0.2",
     },
     "format":"node_array",
     "data":data
  };
  var options = {
    container:jsmind_container,
    editable:false,
    support_html : true,
    view:{
      hmargin:60,        // 思维导图和窗口外框的最小水平距离
      vmargin:30        // 思维导图和窗口外框的最小垂直距离
    },
    layout:{
      hspace:20,        // 节点之间的水平距离
      vspace:10,        // 节点之间的垂直距离
      pspace:13        // 节点收缩/展开控制器的尺寸
    },
    theme:primary
    }
    var jm = jsMind.show(options,mind);
    $ (#dlg).dialog({
    onClose:function(){
    var frame =  $ (#openframe);
    frame[0].contentWindow.document.write(); //清空 iframe 的内容
    frame[0].contentWindow.close();//避免 iframe 内存泄漏
```

```
        }
    }));
        //修改页面滚动条的位置
        $(window).scrollTop(1000);
        J(window).scrollLeft(200);
}));
String.prototype.startWith = function(str){
    var reg = new RegExp("^" + str);
    return reg.test(this);
    }
</script>
</body>
</html>
```

栏目 2　将 leveltostars 知识水平转换为五角星组合

```
function leveltostars(data, bookId) {
    for (var i = 0; i < data.length; i++) {
        var d = data[i];
        var lv = data[i].level;
        var starCnt = lv2star(lv);
        var startStr = getStarStr(starCnt);
        data[i].topic = <a href = "javascript;openKnowpoint(' + data[i].id +
', ' + bookId + ')" style = "text-decoration; none;color; #eeee00">
            + data[i].topic
            + </a><br><font color = #ee0e00> + startStr + </font>;
    }
}
function lv2star(lv) {
    var starCnt = 0;
    if (lv) {
        if (lv < -3) {
            starCnt = 0;
        } else if (lv < -1.8) {
        starCnt = 1;
        } else if (lv < -0.6) {
        starCnt = 2;
        } else if (lv < 0.6) {
        starCnt = 3;
        } else if (lv < 1.8) {
```

```
        starCnt = 4;
      } else {
        starCnt = 5;
      }
    }
    return starCnt;
}
function getStarStr(cs) {
    var str = "";
    for (var i = 0; i < cs; ++i) {
        str += "★";
    }
    for (var i = 0; i < 5 - cs; ++i) {
    str += "☆";
    }
    return str;
}
```

  采用思维导图和五角星组合可视化形式开放英语学习者模型，向学习者个人呈现有关学习者本人的英语学习进展、知识状态等信息，实现以学习者为中心的英语自主学习，能够激发学习者运用学习规划和自我反思方面的元认知技能，引发元认知学习体验。 学习者模型可视化形式的创新为学习者模型构建提供了一定的参考。

第十章　运用增强现实技术创设沉浸式英语课堂

　　面对全球的挑战和机遇，英语语言技能成为取得成功的重要因素之一。随着互联网技术的高速发展，英语一直是全球政治、媒体、旅游、国际贸易、经济活动，甚至教育领域进行国际交流的主要语言。

　　英语教学方法有多种类型，本章基于沉浸理论为学生提供真实的、有吸引力的、有挑战性的英语教学方法来增强他们的英语学习动机。沉浸理论是由米哈利（Mihaly Csikszentmihalyi）提出的一项开创性的理论，它关注幸福、创造力、自我实现和"流"的概念——这是一种沉浸在活动中，如艺术活动、玩和工作，保持注意力高度集中的状态。

　　因为增强现实（Augmented Reality, AR）技术已应用于不同的研究领域，而且被证明是有效的，越来越多的研究人员把 AR 技术作为一种创新的数字化学习方法，但他们中的大多数只专注用创建对象来支持教学课程。基于内容的 AR 技术的使用，丰富了学习内容，激发了学习者的学习动机。然而，应用受到了学习内容的限制，而且，很难被复制到其他课堂。因此，本部分把 AR 技术从基于内容的应用延伸到构建基于 AR 技术的互动的学习环境。通过建立基于 AR 技术的英语课堂的系统模型，教师可以很容易地把学习内容嵌入 AR 环境。与此同时，学生可以通过基于 AR 技术的交互式学习内容和课程体验沉浸式的学习。

　　根据沉浸理论，本部分使用 AR 技术创建一个沉浸式英语学习环境，把虚拟 3D 对象放到了真实环境中。 AR 辅助的英语课堂系统模型包括五个主要组件，即导入、主题、媒体、虚拟角色和操练。 虚拟 3D 对象嵌入学习环境能创造一个身临其境的学习场景，学生可以与虚拟对象在真实学习的环境中互动。 研究目标如下：

（1）AR 3D 对象如何基于沉浸式学习理论呈现英语课程内容？

（2）应用 AR 技术构造一个沉浸式的英语学习环境的效果如何？

一、相关研究综述

（一）AR 技术

近年来，虚拟现实（Virtual Reality, VR）吸引了大众的关注。 VR 是一种可以创建和体验虚拟世界的计算机仿真系统。 然而它的不足也很明显：它把用户从真实世界中隔离出来，而且 VR 设备往往价格昂贵，很多容易让人产生晕眩的感觉。 针对 VR，AR 的潜能将更巨大：它是一种实时地计算摄影机影像的位置及角度并加上相应图像、视频、3D 模型的技术，这种技术的目标是在屏幕上把虚拟世界套在现实世界并进行互动。 该技术实现了对真实世界的增强而非替代。 只要有智能手机，就能支持 AR 技术。 AR 可以用来模拟学习对象，让学习者在现实环境的背景中看到虚拟生成的模型对象，而且模型可以放大、缩小、移动和发声，由于与真实世界的联系并未被切断，交互方式也就显得更加自然。 AR 作为学习工具的潜能在于它能够让学生以一种全新方式观察周围的世界，并投入学习者已连接的情境里的真实问题中（Klopfer & Sheldon, 2010）。

不同的研究都反映 AR 的应用极大地激发了学习者的学习动

机。 正如文献所记录的，由于活跃的氛围、引人入胜的背景故事、解决真实问题时使用的手持设备、采用角色、协商意义，学习者和教师都反映能够高度参与互动（Dunleavy & Simmons，2011；Dunleavy & Simmons，2009；Facer，Joiner & Stanton，et al.，2004；Klopfer & Squire，2008；Perry，Klopfer & Norton，et al.，2008；Schmalstieg & Wagner，2007；Squire，2010；Squire，Jan & Matthews，et al.，2007）。 国外应用 AR 技术的主要领域有医学、广告、军事、旅游、娱乐等。 研究比较深入的国家大多是以英语为母语的国家，但由于他们具备学习英语的真实语言环境，有关 AR 技术应用于英语教学中的研究很少。 但对于中国学习者，英语学习缺乏正式的语境，为了提高学习者的英语实际应用能力，我国本土研究 AR 在英语学习中的应用意义深远。 但国内关于 AR 在英语教学中应用的相关文献不是很多，对 AR 在英语教学中的应用主要体现在词汇教学上（王清，2014；喻春阳，2016）。

（二）沉浸式学习

沉浸理论是由美国芝加哥大学米哈利教授于 1975 年首先提出的，后逐步完善为认知心理学理论。 米哈利教授和其他学者通过调查人们阅读、舞蹈和做数学题等活动发现，许多人在集中精力从事某项任务时，容易暂时忘记疲倦和自身存在，仍然孜孜不倦地学习和工作，他们把这些感受统一称为沉浸体验。 这个词指的是在焦虑和无聊之间的舒适区域的挑战活动中所经历的一种精神状态，其中的活动既不太困难，也不令人沮丧，他们认为沉浸体验是人们学习、工作时的"最佳体验"，它能使人们在从事某项工作任务时保持心情愉悦、兴趣盎然，从而忘记学习和工作的疲劳与倦怠，并且通过不断学习和投入达到新的目标。 沉浸体验是个人参与到全面的、真实体验中的主观感受（Dede，2009）。 如果一个课堂活动的设计是足够有趣的，学习者就会被吸引，从而充分地参与其中，甚至忘记了时间。 沉浸体验不只使学习者体验到意识的丧失（忽视身体需要）和时间的扭曲，而且增加了学习者参与获取知识活动的可能性。 互动媒体现在提供了各种程度的数字化沉浸。 虚拟沉浸体验融合动作、符号和感觉等因素的设计策略越多，参与者置身于数字化增强的情境中产生的沉浸感就越强。 研究表明，数字化环境中的沉浸感至少可以从三个方面来促进教育：提供多个视角、情境学习和情境迁移（Spector et al.，2015）。 AR 技术利用一些智能手机的功能（例如，视频摄像、对象识别与跟踪、全球定位）能在真实环境下创建沉浸式学习体验，提供给教育者一种新颖、潜在的变革教学与学习的工具（Azuma，Baillot & Behringer，et al.，2001；Dede，2009；Johnson，Smith & Willis, et al.，2011）。

由于愉悦这一特点，沉浸理论一直与内在动机有关。 此外，沉浸体验被认为有助于提高注意力，因为当人们喜欢活动过程，困难程度在舒适范围内时，人们更愿意专注于任务。 后者类似于 Vygotsky（1978）所提的 zone of proximal development（最近发展区理论），这是语言学习和教学领域的经典理论。 Vygotsky 认为，学习者的发展有两种水平：一种是学习者的现有水平，指独立活动时所能达到的解决问题的水平；另一种是学习者可能的发展水平，也就是通过教学所获得的潜力。 两者之间的差异就是最近发展区。 教学应着眼于学习者的最近发展区，为学习者提供带有难度的内容，调动学习者的积极性，发挥其潜能，让他们超越其最近发展区而达到下一发展阶段的水平，然后在此基础上进行下一个发展区的发展。 课程或任务的计划和设计应略超学习者目前的水平，以创造可接受的挑战，并加强学习者对已经获得的东西的掌握程度。 这一理论也与 Krashen（1981）的输入假设一致。 Krashen 把当前的语言知识状态定义为 i，把语言发展的下一阶段定义为 i＋1：这里的 1 就是当前语言知识与下一阶段语言知识之间的距离，只有当学习者接触到属于 i＋1 水平的语言材料时，才能对学习者的语言发展产生积极的作用。 如果语言材料中仅仅包含学习者已经掌握的知识或者语言材料太难，对语言习得没有意义。 语言输入的作用就是激活大脑中的习得机制，而激活的条件就是恰当的、可理解的语言输入。 Krashen 还强调，语言使用能力如口语，不是教出来的，而是随着时间的推移，接触大量的可理解语言材料之后自然获得的，并且同样也能获得必要的语法。 可见，可理解语言输入是习得语言的关键，教师的最大职责就是让学习者接受尽可能多的可理解的语言材料。 根据上述语言教学理论，语言教师一直在设计让学习者积极参与课程、有挑战性而不是威胁性的任务。

利用 AR 技术构建虚实结合的英语情境，能给学习者带来专注和愉悦的沉浸学习体验，激发学生的学习动机，提供可理解的语言输入，提高学习效率和实际应用能力。 结合英语学科自身的特点，本部分构建了基于 AR 技术的英语课堂的系统模型。 该模型从教学环境、教学内容、教学方式等方面，对在英语沉浸式课堂教学中应用 AR 技术进行了系统设计。

二、AR 技术在英语教学中的表现形式

AR 技术在英语教学中的表现形式主要有以下几种。

(一)AR 卡片

通过 AR 技术让平面图片立体地动起来。 用户只需要下载相应的 App 专用软件，使用移动设备扫描 AR 卡，即可出现角色的立体图像，如小熊尼奥系列的 AR 系列卡片，内容涵盖动物、交通工具、百科知识等。 学习者可以让立体图像旋转、移动、发声等。 AR 卡片特别适合学习名词类生词，活灵活现的形象可以激发学习者的学习兴趣，帮助学习者记忆，如图 10-1 所示。

图 10-1　AR 动物卡片

(二)AR 课本

AR 课本和普通课本的不同之处在于，当学习者用手机扫描课本封面或者特定页面的图片时，会出现 3D 影像或者视频，如 AR 版《剑桥少儿英语》（2017），如图 10-2 所示。学习者手机上安装了该书的 App 后，就可以用手机扫描任意页面，手机上会出现相应的教学视频。此时，读书不再是单纯地用眼睛去看文字，而是犹如亲身体验一般，从而提高了学习者的学习兴趣。

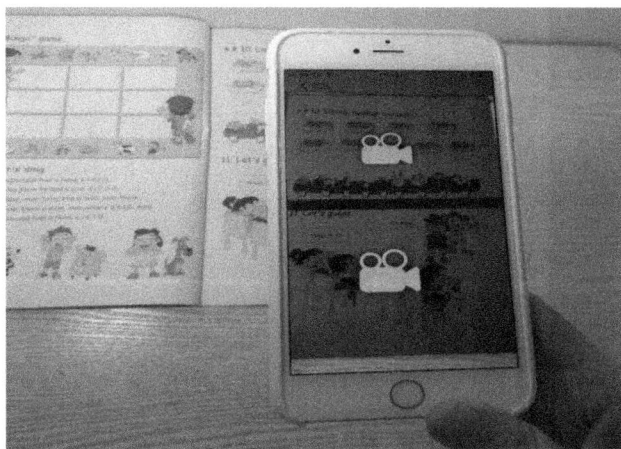

图 10-2　AR 版《剑桥少儿英语》

(三)AR 教具

有些课文的背景知识如果借助 AR 教具,可以更直观地让学习者了解。 例如,老师讲授关于地理知识的英语课文时,借助有 AR 技术支持的地球仪,学生会更容易理解。 例如,扫描小熊尼奥的地球仪上的某个国家(见图 10-3),手机上就会出现相应国家的信息,如风景名胜、民族服饰、美食等;扫描山脉河流,则会出现动物分布、地形介绍、气候洋流等信息。 此外,还有宇宙星系、地心构造、恐龙帝国、人类起源、地球诞生等地球相关知识介绍。

图 10-3 AR 地球仪

(四)3D 影像

3D 影像可以不借助课本、教具和卡片,学习者只要打开相关 App 就能使之出现,并与之对话、合影等。 如《智能革命》(2017)一书的配套 App 提供 3D 影像,读者可以与之合影,如图 10-4 所示。

图 10-4 3D 影像

（五）AR 英语游戏

AR 英语游戏将游戏与英语教育结合起来，当学习者玩了一局游戏之后，同时也学到了很多知识，寓教于乐的方式更容易被学生接受。 例如，OSMO 的 AR 拼字游戏（见图 10-5），根据屏幕图片的提示，猜测并用实物字母卡拼出正确字词，答对就得分。

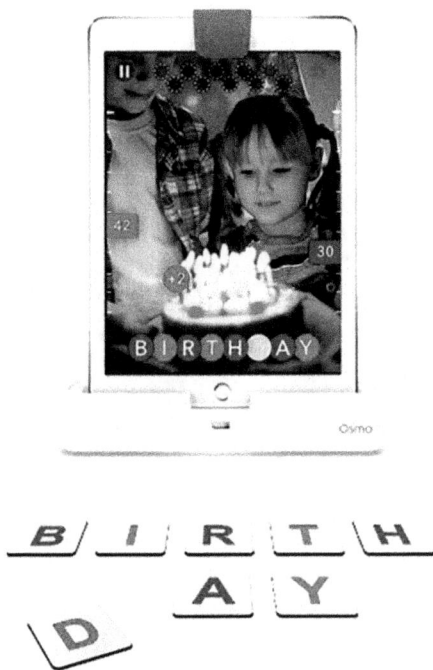

图 10-5　AR 拼字游戏

（六）激活视频

学习者通过扫描特定图片，激活相关视频。 严格意义上讲，这不是真正的 AR 应用，因为并没有激活 3D 图像，但这是现在 AR 英语学习教材常用的方式，如《AR 童乐英文歌》（2017），如图 10-6所示。

图 10-6　《AR 童乐英文歌》

三、基于 AR 技术的英语课堂的系统模型

虽然 AR 技术已经应用于许多教育领域，但是大多数应用仅限于特定的学习内容和课程，只适用于某个课堂或某个主题，很难扩展或复制这些基于内容的 AR 技术的应用。 为了使 AR 技术在教育领域的应用更有效，本部分设计了一个应用 AR 技术构建的英语沉浸式课堂的系统模型。 使用这个模型，老师可以专注编辑学习内容而不用担心技术问题。 与此同时，由于不同的英语课使用了同一个模型，便于学习者熟悉该模型的 AR 技术和相应的功能。 图 10-7 为上述系统模型。

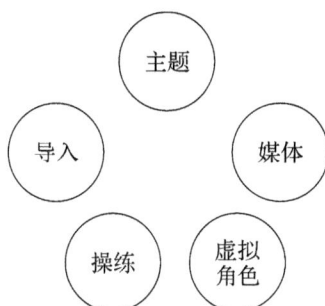

图 10-7　基于 AR 技术的英语沉浸式课堂系统模型

根据常见的英语课堂，AR 英语课堂的系统模型包括以下五个模块：

（一）导入

利用 AR 技术生动且富有吸引力的特点，AR 导入可以有效地吸引学生的注意力，导入新课。比如，教师可以根据相应的教学内容，选择合适的电影角色导入新课。

（二）主题

融合行动和意识是沉浸理论的关键因素。教师呈现主题时可以使用 AR 技术把与所学主题相关的学习对象嵌入学习场景中，呈现的内容可以小如分子，也可以大如恐龙甚至整个星系。AR 技术通过创造身临其境的环境为学习者提供关于学习主题的生动的体验。

（三）媒体

多媒体是语言课程中的常用于情境学习的工具，学习者可以通过扫描相关图片激活课文中的相关视频，使其播放。

（四）虚拟角色

虚拟角色即由人工智能驱动的模拟人物，可以是系统创设的，也可以是用户创建的。虚拟角色作为学习伙伴，为学生提供学习提示和情感支持，并提醒学生专注于学习任务。

（五）操练

在实践中，学习是获得知识的有效途径。教师可以在 AR 课堂上设计一个操练区域，学习者可以在这个区域与 AR 对象进行交互并完成任务，获得评估或奖励。

表 10-1 总结了沉浸理论的特点和 Trevino & Webster（1992）概括的在 AR 教室相应区域能增加沉浸体验的因素。 AR 英语课堂采用基于 AR 技术的优势技术促进学生的沉浸经验和创造短期身临其境的学习体验。

表 10-1 沉浸理论的特点

AR 英语课堂的模块	功能	相关的沉浸理论	Trevino & Webster 的沉浸因素
导入	导入新课	过滤掉不相关的知觉，进入沉浸	专注、好奇和乐趣
主题	3D 学习对象，讲课	融合行动和意识，清晰的目标	控制感觉、专注、好奇和乐趣
媒体	多媒体学习内容	自我意识消失，时间感歪曲	专注和乐趣
虚拟角色	引导和支持	内在式奖励	乐趣和控制
操练	作业和评估	立即反馈，奖励	专注、好奇和乐趣

四、AR 英语沉浸式课堂的演示

根据设计的模型，AR 英语沉浸式课堂可以采用以下呈现方式：四张卡纸摆放在课桌上，搭成一个框架，把 AR 英语课堂的五个模块需要用到的资料放置在这个框架的相应位置，虚拟角色则出现在每个模块页面的右上角，使用完后可以将四张卡纸折叠成一本册子，直观又便捷。 在此过程中，学习者使用手机和相应的 App 应用与 AR 技术的交互对象进行交互（见图 10-8）。

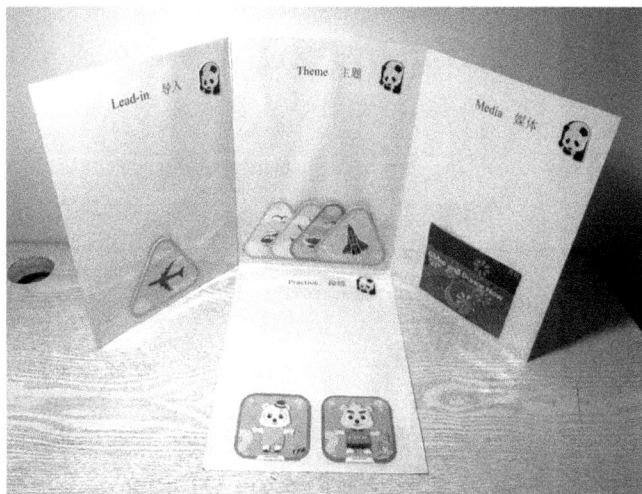

图 10-8　AR 框架

　　图 10-9 演示的是基于 AR 技术的导入部分。 当学习者使用手机 App 应用扫描导入部分的图像时，就会出现相应的 3D 图像，并引入教学内容。 如果上课的主题与飞机有关，导入的 3D 图像可以是飞机的形象，以此吸引学习者的注意力，引起他们的兴趣。 导入部分还将介绍课程内容，并引导学习者到主题区域，使学习者专注于给定的目标和任务，以创建沉浸经验。

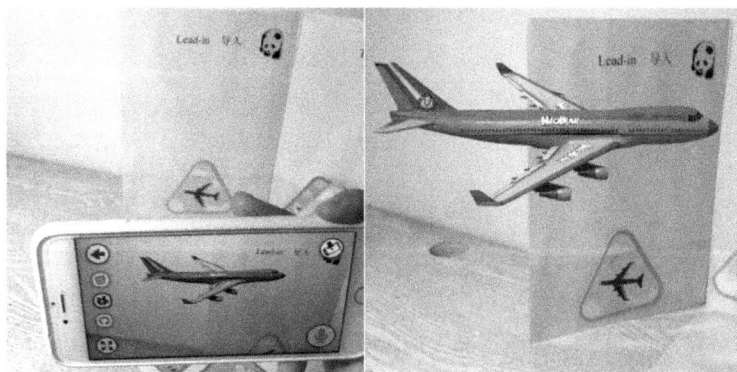

图 10-9　AR 导入

　　主题区域展示和课文有关的内容，如文化背景知识，或者用AR技术教学习者生词等。 图 10-10 演示的是 AR 课堂中的主题区域。 如果课文主题是飞机，扫描主题区域的相关图片时会出现各种类型的飞机及它们的英语介绍。 点击手机上的飞机图像，会有英语单词的朗读声和飞机的轰鸣声。 生动的 3D 效果丰富了课程内容，给学习者提供了类似于观察真实事物的体验。

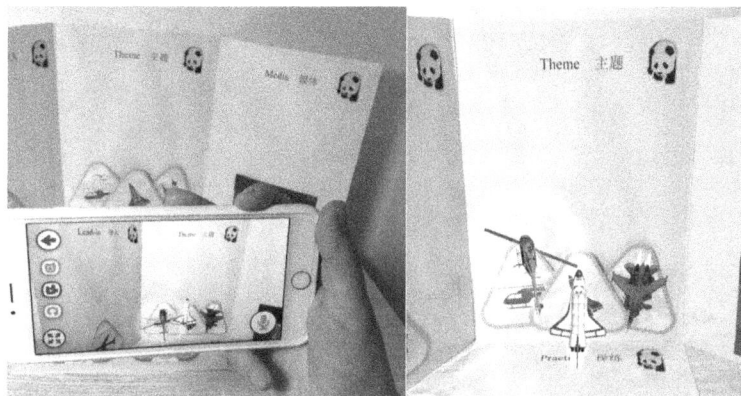

图 10-10　主题区域

　　完成讲课后，教师可以要求学习者转向媒体区域。 在那里，将会用多媒体呈现这堂课的更多信息。 如图 10-11 所示，手机扫描特定图片，可以激活视频，使其播放，如激活歌曲和课文中的相关视频等。 多种类型的媒体使用，可能会使学习者的自我意识消失、时间感歪曲，这是沉浸理论的关键因素。

　　AR 英语课堂的另一个重要的区域是图 10-12 所示的操练区域。在操练区域，可以用 AR 技术创设口语对话或者听力练习的情景。针对英语学习创设的情境与实践中的真实情境的一致性越高，产生的学习效果越好，而在目前我国的英语教学实践中，缺少学习者在真实社会情境中学习英语的条件，这就需要应用现代信息化技术为其提供多模态化的教学情境。 利用 AR 技术构建虚实结合的英语听说情境，让学习者感知具体形象，可以提高学习者的学习效率和实

图 10-11　媒体区域

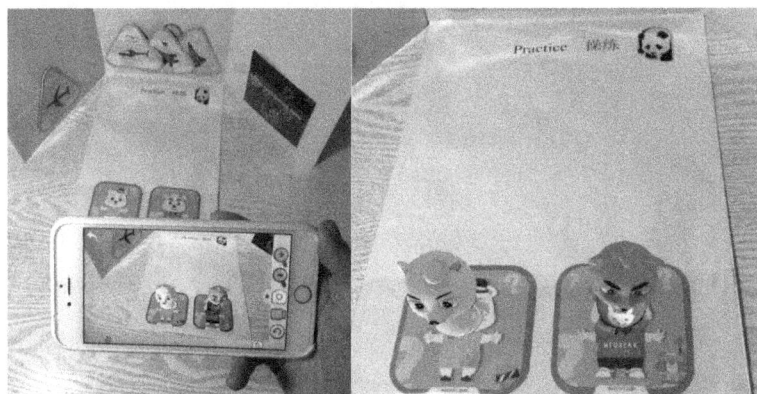

图 10-12　操练领域

际应用能力。 图 10-12 呈现的是卡通人物在用英语问学习者的问题，需要学习者做出合适的反馈。 今后还可以尝试用 AR 技术结合语音识别平台（如讯飞开放平台），识别学生的语音，做出智能反馈。

除了创设情境，在操练区域也可以用 AR 游戏复习生词，如用 Osmo Words 拼字游戏巩固词汇，如图 10-13 所示。

图 10-13 Osmo Words 拼字游戏

如图 10-14 所示，AR 课堂还有一个 3D 虚拟角色。 学习者能让虚拟角色放大、缩小、移动、开口说话并与之对话等。 学习场景中的这个虚拟角色可以作为学习的同伴给学习者提供情感支持和奖励。 同时，虚拟角色可以使学习者得到能掌控自己学习的满足感。

图 10-14 虚拟角色区域

五、学习者反馈

本部分的实验对象是浙江经济职业技术学院电子商务专业的 45 位大一学生。 经过一学期 AR 技术支持的英语沉浸式课堂教学后，笔者对学生进行问卷调查和访谈，了解学生对 AR 技术在英语教学中应用的看法和建议，研究 AR 技术创设英语沉浸式学习环境的成效和问题，为以后的教学实施提供有益的启示。

(一)调查方法

1.课程满意度问卷

该问卷的设计结合本次教学实际情况，分为学习态度、教学模式、教学内容及学习成效四部分，共有 10 个题项，每一题项都细致地表述了教师所预期的教学效果，学生对题项的回答则反映了实际教学成效。 问卷采用李斯特五级量表，1—5 分别表示完全不符合、不符合、不确定、符合、完全符合。

2.深度访谈

访谈内容是问卷四部分题目的引申，即请部分填写问卷的学生结合自己的课程学习经历，具体阐述对于某方面为何感到满意或不满意，旨在深入挖掘学生对应用 AR 技术创设英语沉浸式学习环境的体验和感受。 实验班的 6 位学生接受了访谈，以此来检查问卷的回答的信度，并使学生有机会提供更多的反馈。 每个学生的访谈时间是 20 分钟以上。

（二）数据收集与处理

最后一次课，笔者向所有参加 AR 英语课程学习的 45 名学生发放问卷，回收 45 份，有效问卷 45 份。 随后，将问卷数据录入 SPSS 19.0 整理统计。 对于访谈数据，以录音的方式记录深度访谈收集的语言材料，并将录音转写为文本。 之后，对文字材料按访谈所涉及的主题和维度进行分析、归类和整理。

（三）调查问卷结果

根据调查目的，笔者选用单样本 t 检验对问卷数据做统计计算。 检验值设为 3，即"一般"对应的数值。 结果显示，各题项分值都显著高于中位数，并且具有统计学差异（$P<0.05$）。

如表 10-2 所示，"语言交流能力有提高"（M＝3.75）和"分析问题能力增强"（M＝3.67）两个题项的均值大于 3，而其他题项的均值都在 4 以上。 这说明，从整体上看，学生对 AR 创设英语沉浸式学习环境较为满意。 其中，AR"创设了身临其境的学习环境"，受到了多数学生的高度认可（M＝4.53）。 另外，学生对于利用 AR 技术创设英语沉浸式学习环境持积极态度，体现在"喜欢通过 AR 技术创设英语沉浸式学习环境的教学方式"（M＝4.25）和"提高了英语学习兴趣"（M＝4.32）上。

表 10-2　学生对 AR 创设英语沉浸式学习环境的满意度

题项维度	题项描述	均值（M）	标准差（SD）	t值（和中位数3比较）
学习态度	喜欢通过 AR 技术创设英语沉浸式学习环境的教学方式	4.25	0.55	11.28
	提高了英语学习兴趣	4.32	0.61	11.23

续　表

题项 维度	题项描述	均值 （M）	标准差 （SD）	t值（和中位数 3 比较）
教学 模式	便于获取、拓展更多的英语语言知识	4.05	0.74	7.89
	便于自主学习	4.09	0.64	9.00
	创设了身临其境的学习环境	4.53	0.58	13.40
教学 内容	易于接受	4.18	0.78	8.55
	新颖生动	4.23	0.65	10.06
	丰富多样	4.16	0.57	10.26
学习 成效	语言交流能力有提高	3.75	0.71	5.79
	分析问题能力增强	3.67	0.67	5.38

注:P<0.001。

（四）访谈记录分析

为了改进基于 AR 技术创设的英语沉浸式教学模式，了解学生对 AR 英语课堂的体验和建议，笔者对部分参加课程学习的学生进行访谈。

随机确定了 6 名受访学生，然后提前告诉他们一些相关的信息，比如访谈的目的和原则，以及可能的访谈问题。 访谈内容可以分为两个类别，包括对 AR 英语课堂每个模块的个人感受和评价，以及对这种教学方法的意见和建议。

课后访谈的结果也表明，这种教学方式受到学生的普遍青睐，具体如表 10-3 所示。 受访同学认为，由 AR 技术辅助的教学内容新颖生动，增强了他们对英语的学习兴趣。

表 10-3　对于 AR 英语课堂的评价

学生	评价
学生 A	用 AR 学英语吸引眼球,使我沉浸于英语学习中
学生 B	AR 英语课堂充满乐趣
学生 C	AR 把虚拟的图像叠加在真实的世界中,强化了我在课本中所学的知识,是学习英语的好工具
学生 D	设计理念是创新的、有吸引力的
学生 E	AR 增强了课堂的互动性
学生 F	AR 英语课堂让课本内容变得栩栩如生

学生也提出了一些对于 AR 英语课堂的意见和有用建议，如表 10-4 所示。

表 10-4　关于 AR 英语课堂的意见和建议

学生	意见和建议
学生 A	AR 英语课堂每个模块的衔接如果能更连贯流畅就更好了
学生 B	有时会因为手机或者技术问题操作不了 AR,事先最好对学生做 AR 课堂的简单培训
学生 C	和虚拟角色的对话部分还是比较机械的,如果有更智能的 App 出现就好了
学生 D	AR 素材能不能再多些
学生 E	听力训练时如果有字幕,能帮助我们理解
学生 F	操作比较复杂

六、AR 英语课堂的局限性

根据教学实践和学生访谈，AR 英语课堂的局限性主要有：

(一)学生认知超载

有学生反映，操作使用 AR 比较复杂，所以如何设置活动复杂梯度是一个重要的教学问题，可以通过以下方法来降低认知负荷：①创建一个简化版的基于 AR 技术的英语沉浸式课堂系统，随着学生体验的深入而增加复杂性。 ②在学生完成每一个模块的学习体验和学习行为的目标时，都对学生做明确的体验指导；在学生达到每一个模块期望的学习行为时，给予支持和鼓励。 ③将学生每堂课碰到的角色、项目限制在八个以下。 ④可以添加字幕来帮助学生理解，一些重要的关键词或重要的概念可以作为标题来协助学生的听力理解。

(二)整合和管理 AR 体验对于教师的挑战

AR 技术和标准化的学校与英语课堂不是很匹配。 AR 课堂更适合探索性的、探究式的活动，这些活动的教学效果不是立竿见影的，而是费时费力的，比普通的讲授式英语课堂更难管理。

AR 整合到英语课堂还需要有计算机专业人员参与，以确保正确执行，不出任何技术错误。 此外，成功的 AR 应用高度依赖于熟练掌握 AR 技术的英语教师，这也是促进体验的关键要点。 但是英语教师对于电脑技术往往只掌握基本的操作，而且普遍授课负担重，工作之余学习 AR 技术的精力有限。

虽然认知负荷的问题可以用更好的设计来克服，技术的演变也将扫除当前的技术困境，但是在 AR 环境中出现的整合和管理的局限性还是个难以解决的问题。

在这项研究中，AR 技术的应用结合流行的沉浸理论和情境学习，为英语学习者提供了身临其境、轻松愉快的数字化学习环境。

当各级学校试图建立更多的英语村、语音室等吸引学生学习英语时，所需预算成为主要问题。 英语村应该包含多少个不同类型的场景？ 需要多少外教，他们的薪水多少？ 此外，有多少学生可以同时使用设备？ 一个学生能够使用这些设施的频率如何？ 然而只要实施理想的 AR 英语课堂模式，这些问题都变得容易解决。 AR 英语课堂模式不仅能提供接近真实的英语学习环境，不需要花费很多，而且教学内容可以被不同的教师根据不同的条件复制和修改。

教学实践使我们体会到，基于 AR 技术的英语课堂为英语教学提供了广阔的空间，只要针对教学特点精心设计，按计划严格组织实施，必会收到明显的教学效果。 当然，用 AR 辅助英语教学没有固定的模式，需要不断探索、不断创新，只有融入创新理念，基于 AR 技术的英语课堂才会使英语教学焕发生机，展现更大的魅力。

第十一章　皮克斯动画电影用于外语教学的潜力

动画片，特别是迪士尼和皮克斯的电影，大部分被认为适合孩子们观看。当你想到儿童电影的时候，它们可能会立即浮现在你的脑海中。实际上，为了吸引尽可能多的年龄层的观众，大多数动画电影对孩子们来说很容易理解，也很有趣，对于青少年和年轻人来说也有吸引力，但有的动画片会有叛逆的成分，它们通过涉及阴险的话题来吸引成年观众（Booker，2010；Eder，2007）。这就是为什么我们会像孩子一样喜欢看动画片。然而，我们也不得不面对这样一个事实："在涉及道德问题时，迪士尼王国所有的理念并非都很好。"（Müller-Hartmann，2008，p. 401）一个著名的例子是迪士尼公主系列。也许都意识到了，这些公主并不是女权主义价值观的灯塔。皮克斯电影中也有更微妙的信息，例如，《赛车总动员》充满了对乡下人、意大利人、女性等的刻板印象。在《怪物大学》中，欺凌不仅被描绘成角色日常生活的一部分，也是一些人不得不面对的一个可以接受的现实。看这些电影的孩子们大多不知道他们被灌输了一些消极的信息。我们不能否认，迪士尼在儿童教育方面是一股强大的力量，因为"它是许多儿童了解世界的第一任导师"（Ward，2002，p.1），教他们关于好与坏、关于性别和外国文化的知识。皮克斯电影提供了积极的信息，它们告诉孩子，诸如友谊或团结等价值观是重要的。但是同时，它们也传递了非常微妙的信息，这些需要被观众识别，以防止它们被不加批判地接受。儿童是易受影响的群体，他们不仅需要对隐藏的信息有所了解，还需要具备解码这些信息的工具。 可是学校有一个选取教学内容的标准，这个标准主要来源于课程规范。 课程规范一般只涵盖小说、戏剧和高雅电影（通常是小说改编的电影），往往既不包括动画片，也不包括许多其他流行文化作品。

一、皮克斯动画电影：一种流行的文化类型

为了揭示动画电影如何能有意义地融入课堂，我们首先讨论电影本身。 考虑到儿童需要解码动画电影的工具这一事实，有必要描述和分析动画片讲故事的方式，以及它们如何表达流行文化。 此外，笔者还质疑皮克斯的动画电影是否可以被称为一种类型。 有相当多的学者，如 Clarke（2013）提到，"动画不是一个流派，从来都不是"（p.27）。 考虑到动画片有各种不同的主题或情节，甚至动画片本身有许多不同的呈现方式，如定格动画、黏土和计算机生成的图像（CGI）等，所以这话有一定道理。 我们是否真的要把皮克斯动画电影定义为一种类型？ 这个问题的答案很简单：我们不需要，但至少尝试一下是有意义的，因为"体裁有助于我们通过挑出值得注意的特点（如情节结构）来进行描述；反过来，描述有助于将对象归类"（Pyrhonen，2007，p. 109）。 那么，为什么我们可以选择皮克斯的电影作为一种类型呢？

答案之一是工作室，它承担了电影导演的职责。 这对于 CGI 动画来说同样常见，就像真人电影中的导演，或者在传统动画片中的制片人一样。 此外，工作室超现实的美学是开创性的，"它推动了皮克斯的艺术转变，同时也在新千年之初帮助塑造了将成为主导形式的特色动画"（Pallant，2013，p. 131）。 因此，我们可以称皮克斯电影为"品牌电影"（Rick，1999，p. 115）。 这些电影不想明确强调"像体裁这样的可共享的因素"；相反，它们依赖于专

有特性和原创性（Altman，1999，p. 117）。

另一个答案可以在电影的内容中找到。 理论基础将体裁理解为"一组具有特定特征并在特定历史背景下相互关联的电影"（Kuhn，Scheidgen & Weber，2013，p. 22）。 皮克斯公司利用自己创造的三位一体（故事、人物和世界）来描述他们的电影制作方式（Bundeskunshalle，2012）。 根据三位一体，皮克斯电影有以下特色：

（1）情节结构。

皮克斯公司声称它们创造的故事不仅充满情感，而且可以相互联系（Bundeskunsthalle，2012）。 从皮克斯公司到目前为止上映的电影来看，相关方面主要是角色必须经历的冲突。 例如，他们必须面对竞争对手［《怪物公司》（2001）；《玩具总动员》（1995）］，克服悲伤［《飞屋环游记》（2009）］，或与父母战斗［《勇敢传说》（2012）］。 这些故事通常遵循剧本的三幕模式（Field，2005），每一幕的结尾处都有一个情节点，推动着情节向前发展。

（2）主题。

乍一看，皮克斯电影所涉及的主题与传统迪士尼电影所涉及的主题并没有太大的不同——追求梦想、目标、友谊和团结，或者是教育和启蒙。 在更微妙的层面上，影片还包括年龄、代际冲突或性别等主题。 值得注意的是，所有的皮克斯电影通常都涉及这些主题领域。 笔者将进一步分析这些主题，以及它们在电影中是如何表现出来的。

（3）人物。

皮克斯电影和它们的故事一样，目标是创造可关联的角色。 这似乎是一个艰难的目标，因为电影角色往往是动物（或机器人，甚至汽车），或漫画化的人类。 然而，用拟人化的动物或机器和漫画化的人类作为角色实际上是一个聪明的策略。 其实创造非人类角色的故事不是皮克斯公司发明的，这一传统可以追溯到古希腊的寓言，当时经常使用非人类角色来影射人类行为。 有趣的是，漫画人物异于人类外表，但同时充当了一种身份识别的手段。 通过观察那些具有简化了的、突出了明显人为创造的特征的角色，观众就能够沉浸在对角色的怀疑和认同中。 这种角色异化和身份认同的结合是动画电影的典型表现。

皮克斯电影中没有试图展示我们所生活的世界的一个完全的复制品。 相反，至少有一些细节是"不现实的"。 当然，在《赛车总动员》等电影，"非写实"是很明显的（在世界上居住的是汽车，而不是人类），但即使在那些看上去很接近"现实生活"的电影，比如《飞屋环游记》中也有一些细节是不存在的——一座由气球升起的房子，可以在几个小时内从北美洲飞到南美洲；或者一个项圈，将狗叫声转化为人类语言。 到目前为止，现有的CGI仍非常强大，以至于有可能创造出不仅难以分辨，甚至比实景图像更好的真实感图片（Pallant，2013）。 在描述和呈现虚拟的世界时，动画的技术手段取代了叙述者在小说或短篇等书面文本中的角色。 在书面语篇中，读者必须构建自己在虚拟世界的心理模型，动画电影可以创造出非常详细的虚拟世界的视觉表现形式，不仅可以是真实存在的地方，而且与真人电影不同，它也可以是完全虚构的地方，"动画提供了一种方便的方式来显示不可见的东西"（Bordwell & Thompson，2001，p.144）。 如果真人电影这样做，他们必须使用动画特效。 我们假设动画片与叙事文本描述的内容是类似的，那么动画电影的剩余价值又是什么呢？ 根据Halberstam（2011）的研究，它可以被描述为："虽然许多儿童文学只是提供了一个与旧世界太接近的新世界，但最近的动画电影实际上专注于创新。"（p.28）

类型"不仅是一组电影，而且实际上只有在文化背景下通过文本的流通和接受才存在"（Kuhn， Scheidgen & Weber，2013，

p. 23）。 皮克斯电影的一个文化背景是流行文化。 考虑到电影是文化物化的媒介（Posner，1991），"动画电影中的人物不仅是电影本身的身份识别人物，而且贯穿于大众文化生产的各个领域，并在我们的日常生活中无处不在"（Eder，2007，p. 291）。 这意味着，动画电影和流行文化之间存在着一种互惠关系。 它们同时呈现和代表大众文化，是大众文化的一部分，也是大众文化的塑造者。由于皮克斯动画电影所涉及的主题对西方世界（及其他地区）的广泛人群都有意义，以及具有"跨越广泛的政治和主题立场的吸引力"（Freccero，1999，p. 16），它们确实可以被称为"流行"，但这并不一定意味着它们不存在矛盾。 Freccero（1999）甚至声称，"大众文化的最受欢迎或最广泛的形式，往往在其内部有矛盾性，具有复杂的政治信息、隐蔽信息，甚至是无意识的信息，以便各种人都能同意"（p. 16）。 既然"大众文化是一种'贴在皮肤上'的文化，它就成了我们的一部分，以至于我们越来越难以从远处去审视它"（Jenkins，Mcpherson & Shattuc，2003，p. 3），因此，尽早在学校里把动画电影看作一种流行文化类型就变得更加重要了。当然，这并不意味着不受欢迎的动画片对课堂的价值就会降低，只是需要根据不同的文化背景来看待它们。 在这样做的过程中，学习者不仅学会了如何欣赏动画片（同时学会了欣赏其他的电影技巧），而且学习了电影的文化背景。 因此，将动画片作为通俗文本进行分析，对英语教学具有重要意义，因为它使某些文化语境可见、可观察、可体验（Henseler，Moller & Surkamp，2011，p. 10）。

二、英语课堂中应用动画片的理论背景

英语课堂已接受动画片作为适合课堂的媒介。 然而，英语课堂往往只使用某些类型的动画片，如由校园小说改编的电影，或受到

好评的高雅电影。 学习者在空闲时间观看的很多其他类型的电影则是可能被认为充满了陈词滥调的大片。 当然，迪士尼和皮克斯公司的动画片也不例外。 然而，它们传达了大量的文化信息，并且被各个年龄段的人所喜爱，这也是为什么我们在英语课堂上使用它们的原因。

中学是处于童年和青春期之间的个人发展阶段。 "在这个关键的岁月里，青春期释放出的创造力可以激发学习动机，但这个阶段的动荡也会使学习变得困难，或者产生问题"（Legutke，2012，p. 112）。 因此，我们必须把这个阶段看作一个机会，帮助学习者了解他们周围的世界，并塑造他们的价值观。 当然，这并不意味着阅读和解析古典诗歌或莎士比亚戏剧不重要；同时，我们需要利用学习者消费大量流行文化这一事实。 然而，"许多教师似乎不重视学生空闲时间是如何自由学习英语的，既没有把它作为学习英语的有效途径，也没有向学习者提供听力和观看策略"（Grau，2009，p. 171）。 既然学习者在空闲时间看动画片（或者根据他们的年龄，学习者过去经常看），我们就有充分的理由在课堂上使用动画片。 "如果我们认真对待以学习者为中心的语言教学方法，在使用媒体辅助教学时，我们就需要充分利用流行的大众文化"（Müller-Hartmann，2008，p. 400）。

电影所讨论的问题与学生的真实世界很接近，这也是它们适合英语课堂的另一个原因。 乍一看，这似乎有点牵强，但仔细观察动画片就证明了这一点。 闪电麦昆是一辆汽车，但它经历了青少年常见的问题，小米（《美食总动员》）、恐龙阿洛（《恐龙当家》）和梅莉达公主（《勇敢传说》）也是如此。 《飞屋环游记》中的卡尔用成千上万个气球让房子飘起来，但在他的故事中，社会如何对待老年人及他们的生活选择是什么等问题被提了出来。 通过在课堂上使用这些电影，我们可以提出真实的问题，用英语来进行讨论。Legutke（2012）列举了这些电影作为真实材料可以实现的三个功能：

（1）通过试图理解角色之间的冲突，学习者可以间接地探索自己的生活；

（2）通过与人物产生共鸣，他们可以获得理解他人的基本技能；

（3）在通过口头或者书面形式阐述观看的心得体会时，他们可以讨论关于成长的话题（Legutke，2012）。

通过看着虚构人物经历困难，学习者有机会与他们一起感受冲突。同时，因为他们是冲突的旁观者，使他们更容易谈论关键问题，思考自己的思想和感情。Legutke 的第二个观点表明，学习者能够意识到角色的感受，掌握角色的视角，并与他们产生共鸣或保持距离。最后，他指出，需要鼓励学习者谈论与他们的生活密切相关的问题和冲突。

这类电影的另一个优点是，学习者常常觉得自己对动画片了解很多，这激发了他们的积极性。同时，他们可以从不同的角度欣赏电影。因此，他们有机会用新的视角看待自己的文化经历。"欣赏动画片的美学并不排除能够发现动画片的其他方面"（Müller-Hartmann，2008，p.413）。

三、英语课堂上使用动画片的任务类型

"在英语课堂教学使用迪士尼动画电影时，教师面临的一个明显问题是如何帮助学习者理解电影的潜台词"（Müller-Hartmann，2008，pp.408-409）。任务的设计需要让学习者有足够的选择来提出自己的建议和意见，从而让他们发现隐含的意义，并使学习情境尽可能以引导学生自己发现为导向。

这个问题可以通过使用基于任务的语言教学（Task-Based

Language Teaching，TBLT）来解决。 在这种方法中，学习者被赋予功能任务，让他们将重点放在意义交换上，并将语言用于真实的目的（Van，2006）。 好的任务符合几个标准：第一，它们需要专注于意义，而不是形式，这意味着交际比正确使用语法形式更重要（Nunan，1989；Willis，1996）。 第二，它们是以目标为导向的，并且有一个特定的结果；为了达到这个目标，学习者需要积极地使用语言（Van，2006；Willis，1996）。 对于动画电影来说，下面推荐一种适合确定它的任务类型的方法。 这种方法最初是 Freitag-Hild 为研究英国移民小说而开发的（Freitag-Hild，2010）。 通过这个方法，学习者不仅可以对电影本身有一个深刻的理解，而且可以更好地理解电影所涉及的问题，以及把电影与观影者的现实生活联系在一起。 理想情况下，这种方法在理解、体验和享受电影之间创造了一种平衡。

这个方法的第一类任务是热身。 "为了创造一个积极的心态来观赏电影，可以通过使用诸如电影海报、角色名称、标题等视觉提示来增强学习者的好奇心"（Freitag-Hild，2016，p. 210）。 如《飞屋环游记》，先简单地展示卡尔的照片，让学习者谈论他们所看到的：他长得什么样？ 什么肤色？ 他的表情、姿势怎么样？ 他们期望他是什么样的人？ 为什么他们期望某些事情？ 第二类属于自我反思的任务。 "了解他人需要从自己的角度'转向'，意识到自己的观点是如何由文化、家庭、朋友等形成的，尤其是讨论学习者对角色的反应可以作为自我反思的起点"（Freitag-Hild，2016，pp. 210-211）。 如果观赏《飞屋环游记》时着眼于卡尔和罗素之间的关系，就可以询问学习者对这段关系的感受。 第三类任务更进一步，即利用任务来理解和改变观点。 "为了培养同理心和理解角色，学习者不得不重建和接受其他观点。 这可以通过站在角色的立场来解释任务、解说场景或创造性的写作任务来完成"（Freitag-Hild，2016，p. 211）。 学习者可以自问：如果我处在这种情况下，我会做什么？ 如果我失去了心爱的人呢？ 或者如果我不得不住在养老院，该怎么办？

接下来的几类任务将焦点从电影转移到上下文，有互动和谈判类任务。 "学习者相互交流并协商他们的观点"（Freitag-Hild，2016，p.211）。 例如，这可以通过练习写作针对特定观众的电影推荐文章来实现。 学习者认为这部电影是给儿童看的，还是给成人看的，或是两者兼而有之？ 他们为什么会这么认为？ 然后是语境类任务。 "为了更好地理解电影中的观点，学习者可以查阅相关背景的书籍资料，例如阅读关于老年人的纪实文学作品，以获得对影片背景的更广泛的了解。 此外，学习者还可以把卡尔和其他动画电影、真人电影、小说等中不同的老年人形象进行比较。 最后，还有反思类任务。 "为了帮助学习者获得课堂外的交际策略，有必要反思自己的学习过程，思考自己的观点是如何改变的，以及为什么自己的观点发生了变化"（Freitag-Hild，2016，p.211）。 学习者可以思考这样的问题：电影中提出的作为老年人生活的选择有多少现实性？ 有什么可供替代的选择？

学习者通过完成这些类型的任务，可以有机会发展不同的技能和能力。 他们学习到如何分析和理解一部电影，他们也能够批判性地质疑他们所看到的东西，将它与文化背景和先前学的知识联系起来，并反思他们的观影体验和学习过程。 下面是笔者据英语课堂中的实际案例给学生分配的任务。

四、英语课堂实例

本部分是笔者对浙江经济职业技术学院进行的为期 5 个月的研究项目的一部分，共有 85 名大一学生参加了该项目。 学生需要观看和分析电影《飞屋环游记》，仔细观察片中老年人的生活情况。

为了帮助学生理解电影中表达的观点，并将其与更广泛的文化背景联系起来，笔者指导学生把观影和阅读两篇文章结合起来：一篇摘录自小说《这些蠢事》（Morgach，2005）；另一篇来自卫报，名为《日本副首相说"让老年人快点死去"》（McCurry，2013）。后一篇探讨了日本社会如何应对日益增多的老年人的问题，并从跨文化的角度讨论年龄和老龄化问题，而小说摘录则从一个更为个人化的角度描述了伊夫琳的生活。伊夫琳是一位住在即将关闭的养老院里的老妇人。这项任务的目的是比较动画电影与虚构和非虚构文本，从而掌握其"意识形态潜台词"（Müller-Hartmann，2008，p. 408）及其与学生生活的相关性。

为了加深对课文的理解，学生在一些问题的引导下仔细阅读了这些节选文章。这为比较卡尔和伊芙琳各自的处境做了准备，同时为讨论电影和小说的角色之间的区别做了准备。老师让学生看完电影后用各种形容词、简洁的句子来描述卡尔，再将卡尔的特征与伊芙琳的特征进行比较。然后学生会发现，这两个角色有一些相似之处（他们都失去了配偶，都对自己的处境感到悲伤和不快，都感到孤独）及一些不同之处（与卡尔相反，伊芙琳有孩子，似乎至少有一个朋友）。随后，全班讨论通过电影看到的角色与阅读小说中的角色有什么不同。

课堂对话摘录

Teacher: Ok. Now you got to know two characters. They got a lot of similarities but also some differences. One of them we got to know through a movie, the other one through a written text. What is the difference between reading about a character and seeing the character in a movie? Chen?

Chen： When you read about a character, you can miss something, and when you watch a movie, you can see everything clearly, so you know more about Carl than Evelyn.

Xu： When you see a character you can vision it better and when you read a text you have to imagine it more and a character isn't so detailedly described like in a movie, it's more general.

Teacher： When you say it isn't described in so many details, what do you mean about the character, what is described in detail and what isn't, in a movie and in a written text? Be more precise, because I think you cannot say it in a general way like that. Li?

Li： With a movie character, you can of course get a lot of information about the outer appearance and maybe you can also make up your own opinion about the character.

Wang： I think in a written text you see the feelings a character has and in a movie you see the way he looks at the moment, maybe he looks sad or so.

Song： In a movie, you see a person, and it's like unintelligible, so at the beginning, you may think, oh, it isn't such a nice person and you can't really know him when you just see him. But in a text you can look closer to the person, so, you get to know him maybe better.

Ma： And in a text you have to imagine yourself how he looks like and maybe in a film it's more general how the people are. When you read a text and you see a movie, it's different.

Teacher： How are Carl's feelings expressed in the movie? Zhang?

Zhang： He is really sad when his wife passed away, but he still has the same things he does every day. Russell wants to give him some kind of love, but he can't really receive the love, because he's blocked.

Dong: I think they show them through the face movements and through the music and you see that he's got a daily routine and that shows that he is stuck and without joy.

这些讨论摘录表明，通过积极使用语言，学生能够很好地感知不同体裁中角色的差异。虽然有一些语法上的欠缺，但他们可以用英语表达哪些方面可以在电影中描绘得更清楚，哪些方面是小说用更详细的方式描述的。显然，这里的重点是沟通和意义，所以老师不会干预和纠正学生犯的小错误。有趣的是，学生意识到电影必须使用某些技巧来向观众表达角色的感受，例如音乐或面部表情。特别是后者，被认为是动画电影的强大优势。动画师能够比真正的演员更清晰、更详细地定义人物的面部表情。结合人物的漫画特征，相比真人电影，学生可以更容易识别角色的感受，即使他们听不懂角色的语言。此外，大部分学生似乎没有偏好某种体裁。他们认为，这两种类型都有其优点和弱点。有些学生更喜欢电影，发现看电影更容易理解和分析角色（如陈同学和徐同学的陈述）。

通过把动画电影应用于英语课堂，学生能够发展对影片进行批判性分析和评价的能力，而且通过这个目标导向的开放性任务，能提高他们沟通和语言使用能力。

虽然这只是课堂上的一个简单案例，但它说明了如何在英语课堂上介绍动画电影的体裁特征和文化背景。通过"纳入有助于学习者思考的隐藏结构、象征主义和定型观念的作品"（Müller-Hartmann, 2008, p. 408）及结合相关有意义的任务，可以创造真实的交流情境（Henseler, Moller & Surkamp, 2011）。学生对电影及其文化背景会有更深入的理解。即使在较低的年级，动画电影也可以被使用，因为它们高表现力的视觉效果可以激发学生积极使用外语（Hofmann，2017）。 大众文化应用于英语教学有巨大潜力，本章只是抛砖引玉。 笔者呼吁让英语课程更开放。 虽然英语教学大纲有时会包括一些经典电影，但只有某些类型的英语电影被认为适合于课堂，许多流行文化仍然被排除在课程之外，尽管它们在儿童和年轻人的教育和社会化方面发挥着重要作用。 现有的英语课注重产出和能力培养，并不意味着只有某些"经典"才能被纳入课堂。 事实上，如果将这些"经典"与流行文化结合起来，英语教学会更有成效。

第十二章　社区英语教育云平台构建研究

构建终身教育体系和建设学习型社会，是我国政府提出的奋斗目标，也是我国全面建设小康社会的一项重大战略任务。党的十八大报告提出，要"积极发展继续教育，完善终身教育体系"；2015年中共中央"十三五"规划建议指出，要"加快学习型社会建设""大力发展继续教育，构建惠及全民的终身教育培训体系""整合各类数字教育资源向全社会提供服务。建立个人学习账号和学分累计制度，畅通继续教育、终身学习通道"。

建设学习型社会是长久而庞大的工程，社区教育是其重要方面。如果能充分利用信息技术和网络的优势，提高社区教育的信息化程度，就能真正使社区教育覆盖城乡，满足社区居民的需求。数字化学习社区的创建能改良社区教育的载体，提升社区教育的内涵，提高社区教育的效率，是未来社区教育发展的主要趋势。

对社区教育信息化平台已经做出的有益探讨和研究主要有胡水星（2017），黄春媚（2015），胡宇明和曹卉（2014），吴涛、金义富和张子石（2013），邱相彬（2013），章泽昂和邬家炜（2010），Nancy（2013）等。就我国的社区教育发展现状而言，社区教育信息化平台建设主要有两方面要求：第一，社区教育的信息化资源重复建设，但是缺乏优质资源，需要优化社区教育资源的配置，加强优质资源的共享；第二，社区教育的服务对象范围广、学习需求多样，需要社区信息化水平能满足居民按需使用、随时随地学习的需求。

如果要改变以上情况，需要构建一个能实现信息资源、学生资源、学习资源共享的学习平台，从而既能为学习者提供灵活便捷的学习环境，又能方便管理人员统计学习效果、学习行为。

云计算为以上目标的实现提供了有效的解决办法。近年来，云计算受到政府和行业人员的高度重视，2016 年发布的国家"十三五"规划纲要把云计算加入信息技术产业今后要重点发展的内容中。云计算作为一种新型的计算服务模式，可以通过整合分布在网络各处的资源，运用互联网为学习者提供各种方便灵活、按需配置、成本低廉的信息化服务，实现对各类教育应用如类似于用水、电、煤气一样便捷的在线访问，形成教育云，这为社区教育云平台建设提供了新的理念、模式和技术支撑。

社区英语课程一直受到广大居民的喜爱和重视，社区居民对英语学习的需求日渐强烈。居民学习英语的动机主要来自个人兴趣需求、社会服务需求、出国旅游需求、家庭教育需求等，针对上述需求而建设的社区英语教育云平台，能充分利用英语名师、各类英语教育机构等资源，满足社区居民对多样化、海量、优质的数字化英语学习资源的需求。

一、社区英语教育云平台的服务模式

社区英语教育云平台以关联主义学习理论和知识管理理论为理论基础，通过丰富的学习手段，提高居民学习的积极性、趣味性，是各级英语教育实现纵向衔接、横向沟通的公共英语学习平台，是面向全体社区居民的英语学习型网站的集群，是"时时可能、处处能学"的英语学习资料库，是能够为社区居民提升英语听说读写能力和交际技能的网上英语学习互动平台。居民通过访问社区英语教育云平台，可以在线上进行互动、学习，建立个人英语学习档案，进行学习积累。 在基础设施建设方面，该平台采用云服务技术架构，具备资源配置动态化、需求服务自助化、服务可计量化、资源的池化和透明化等优势，使多种业务应用共享服务器、存储等硬件资源，使平台应用易维护、易扩充，从而实现资源的动态优化，有效降低信息化建设方面的投资。 该平台提供服务的重点是软件即服务（SaaS）和平台即服务（PaaS），服务模式如图 12-1 所示。

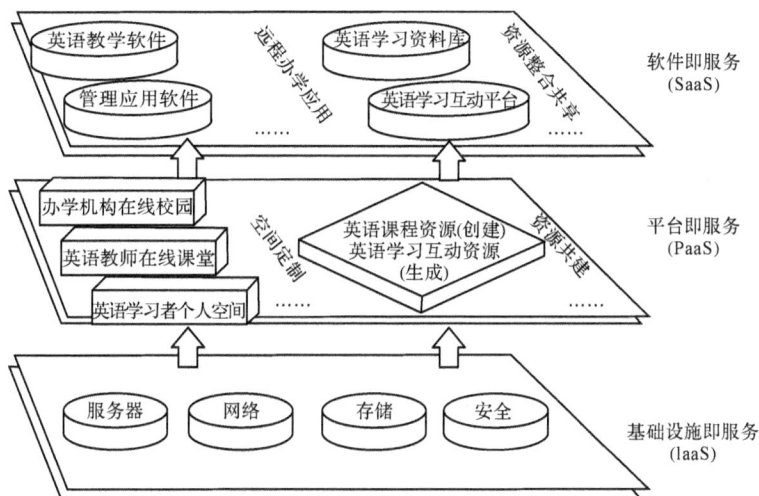

图 12-1　社区英语教育云平台服务模式

二、社区英语教育云平台提供的服务内容

社区英语教育云平台，通过整合的数字化学习资源、共享与服务的体制机制、先进的云计算技术，推动数字化学习资源建设，形成社区英语学习资源库，创建面向社区的信息化英语学习环境，推动社区居民的英语学习，从而更好地为学习型社会建设服务，如图12-2 所示。

当前的社区英语教育资源匮乏且配置不均衡，如何将有效的资源用好并发挥其应有的价值，已成为英语教育管理者关注的一个焦点，而云计算正是为社区英语教育提供了崭新的共享资源的管理方式。云计算通过虚拟的网络资源，对已有的硬件资源进行动态管理，通过支持平台对英语教育资源和业务应用进行整合、共享和统一管理，通过 SaaS 模式提供给社区租用，在节约投入成本的同时，降低了建设与应用的难度。

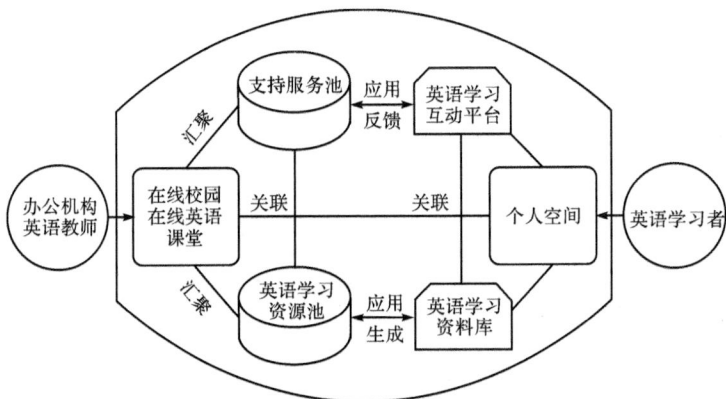

图 12-2　社区英语教育云平台的服务内容

社区英语教育云平台要共享和聚合优质的教育资源，满足英语学习者多样化的学习需求。因此，该平台需要以学习者为中心，着重建设英语学习资源池和支持服务池。

（一）英语学习资源池

英语学习资源池的表现形式是英语学习资料库，英语学习者按需在其中选择学习内容。英语学习资源池的建设拟从以下两方面入手：

（1）建设小粒度英语课程资源。根据大小教学资源粒度，可以大到整个课程，小到一幅图。如果资源以小的粒度传输，可以更方便地被按需使用。因此，细化英语课程资源是重点。小粒度的英语课程资源可以是完整的学习内容，也可以是带有元数据的音频、文档、视频等，如介绍某个时态、从句、语态的微课、PPT等。 这些资源可看作微型课程。 大量的英语微型课程聚沙成塔，可聚合成社区英语学习资料库，供英语学习者使用。

（2）整合英语学习资源。 整合英语学习资源需要构建社区英语学习平台的资源管理系统，以微型英语资源为单位，自动化分类所有英语学习资源，并根据小粒度英语学习资源的元数据描述，建立资源之间的知识关联，有效管理静态的英语课程资源和动态的英语互动资源。 整合英语学习资源后，需要根据知识关联、兴趣关联、用户行为关联等进行资源推送。 如根据社区用户的搜索关键词，自动推荐"猜你喜欢""您感兴趣的课程""关注该文章的人还关注""相关链接"等。

（二）英语学习支持服务池

支持服务池的表现形式是英语学习的互动平台，为英语学习者按需学习提供服务。 具体包括：

（1）英语学习的互动性资源。 这里的资源分为两类：英语学习的互动知识资源和互动信息资源。 许多用户具有隐性知识，可通过答疑、互动的方式让隐形知识成为显性知识，并聚合成英语学习的互动性资源。 例如，某个用户提出问题，其他用户帮助他解决问题，其他用户获得相应的积分奖励。 互动信息资源指用户的教学管理信息，别的用户可以搜索查询。 为了便于搜索，这些信息需要采用相同字段、通用的技术标准置于平台上。

（2）英语学习的辅导。 英语学习的辅导主要由英语教师提供，这需要为英语教师建立虚拟的工作场所，支持教师在线答疑，对于愿意付费的社区英语学习爱好者，还可以采用个性定制专属辅导的形式。 同时，还可以建立英语领域的知识共同体，共同体包括英语教师、英语行业从业人员、英语学习者等，构建英语语言知识和技能网络，最终，集成多个知识网络来形成英语学习互动平台。

三、社区英语教育云平台的优势

社区英语教育云平台的优势主要体现在两个方面：第一，云平台为社区的英语学习者提供了海量的信息资源。根据英语学习资源的表现形式可以分为电影、动画、音频、文本、微课等，种类齐全，应有尽有，这些丰富了信息内容的表现力，为学习者提供了众多的选择机会。第二，云平台的出现加强了英语学习的交互性。社区居民可通过云平台进行人机互动、师生互动、学习者之间的互动。社区英语教育云平台，为社区居民搜索信息、沟通交流、问题答疑等提供了一个良好的学习互动环境。

近年来"云"时代悄然而至，社区英语教育云平台基于云计算，聚合丰富的英语学习资源，并在平台上统一管理，给社区居民提供了随时随地可学的服务。社区居民可以将平时的零散时间用于点滴英语学习，从而实现知识积累，掌握英语知识和技能体系，实现"人人皆学、时时能学、处处可学、样样有学"的终身教育理想。

第十三章 互联网用于英语教学:教师指南

自 20 世纪 80 年代以来,教师一直在语言教室中使用在线交流工具与学生交流。 以下总结了一些常见的准则,可以帮助教师成功地计划和实施基于网络的学习项目。

(一)指南

读者会注意到,这些指南与正在使用的特定技术工具无关。 正如 Warschauer(1956)所指出的, "技术发展得如此之快,以至于在某种程度上很难甚至无法驾驭,如同试图从喷涌的消防栓中获得一杯水"(p.15)。 因此,为了有效利用新技术,教师必须后退一步,把重点放在一些基本的教学要求上。 以下建议旨在帮助教师在第二语言课堂中实施基于计算机网络的活动和技术。

(二)认真考虑您的目标

在语言教学中使用互联网技术有几个可能的原因:一是,认为网络交流的语言性质能促进语言学习。 例如,人们发现电子语篇往往比口头语篇在词汇和句法上更复杂(Warschauer, 1996a),并具有广泛的有利于语言学习的语言功能(Chun, 1994; Kern, 1995; Wang, 1993)。 二是,它为学习写作创造了最佳条件,因为它为书面交流提供了真实的受众(Janda, 1995)。 三是,它能增强学生的学习动机(Warschauer, 1996c)。 四是,相信学习电脑技能对学习者将来的成功有重要的作用。 这个原因表明,这不仅是利用互联网学习英语的问题，而且是学习英语以便能够用好互联网的问题。

由于有很多方法可以将互联网集成到课堂教学中，教师必须明确自己的目标。例如，如果老师的目标之一是教学生新的计算机技能，那么教师可以选择在课堂之外最有用的因特网应用，并且安排相应活动，以便学生逐渐掌握更多技能。如果眼前的目标是为学生创造某种语言环境，那么教师应该考虑哪些类型的语言体验是有益的，并相应地组织计算机活动。

正如本章后面将要讨论的，仅仅在课堂中添加随机的在线活动通常不会带来什么好处。因此，明确课程目标是成功使用互联网重要的第一步。

（三）整合入课堂

大多数使用过互联网的教师是从某种简单的键友活动开始的，并且感觉到了一些不足。简单地说，仅仅建立一个笔友联系，就像简单地把两个学生带到一个房间，让他们交谈一样，这是不能带来显著的教育效果的。随着时间的推移，教师需要更多地参与创造学习活动，从而使学生产生足够的语言和认知需求，这样他们才能从互联网交流中获得最大利益。而且，正如许多人所注意到的，如果活动和项目很好地融入了整个课程，这种教师干预是最成功的。

跨文化电子邮件课堂连接项目（Intercultural E-mail Classroom Connections，IECC）的协调员布鲁斯·罗伯茨（Bruce Roberts）很好地解释了这一点：

> 教育成果是否有显著差异，这取决于教师是否选择合并电子邮件课堂作为一个附加的过程或一个整合的过程。如果作为附加过程，仅仅是让每个学生发送一封电子邮件给远方的键友，这可能导致挫折感和低于预期的学业成绩。

另外，当电子邮件课堂真正集成到家庭作业和课堂互动中，教育就会发生改变（Warschauer，1995a，p. 95）。

当然，有许多方法可以将因特网活动纳入课程的总体设计和目标中（Sayers，1993）。 教师可以与学生合作，提出研究问题，然后与外国合作伙伴合作进行调查，学生和远程合作伙伴可以合作编写出版物。 学生也可以咨询交流合作伙伴有关词汇、语法或课堂上出现的文化观点的信息。 教师最好是在与学生不断协商的情况下做出选择。 尽管如此，正如 Roberts 所建议的那样，教师应该把互联网学习整合入课堂而不是附加在课堂活动上，以脱节的方式进行。

(四)不要低估复杂性

大多数英语教师，在学习使用互联网时都有相对优势。 在大多数情况下，他们精通英语，有打字或使用键盘方面的经验，并具备一些基本的计算机知识（例如，他们可能至少会使用计算机进行文字处理）。 另外，虽然有的学习者对使用计算机很有经验，但也有学习者很少使用电脑，缺乏使用计算机进行词汇、阅读和听力学习的经验。

在 ESL 课堂中引入基于互联网的活动还有许多其他的复杂性。班级的活动可能取决于计算机实验室的日程安排，以及学生在课外有无继续使用电脑的条件。 硬件和软件可能发生故障，电脑可能崩溃。 学生的日程安排可能不允许他们在轮到可以使用计算机时返回计算机实验室学习。

班级之间的合作会更复杂。 合作班级可能有缺课学生，或可能因假日或其他活动，部分学生不能进行网上活动。 合作班的教师可能对交流的性质有不同的理解，而在不同的情况下工作可能会造成进一步的拖延。 学生可能在背景、语言和经验上有差异，这可能会导致进一步的复杂性。

这些潜在的问题并不意味着不需要基于互联网的学习活动，但是，在尝试整合在线教学的过程中，教师最好不要在一开始就过于雄心勃勃。 这会使学生和教师遇到技术困难时产生更大的压力，反而不利于产生预期的结果。 对于教师，最好是从小事做起，创造出与课堂目标很好地结合在一起的活动。 如果这些活动被证明是成功的，就可以在下个学期尝试更大胆的计划了。

（五）提供必要的支持

考虑到互联网使用中可能出现的复杂性，教师需要提供足够的支持，以防止学生被困难所打败。 这种支持可以采取多种形式：创建学生可以参考的详细的讲义，不仅在活动开始时，而且在活动的进行中开设培训课程；与计算机中心合作，建立尽可能简单和直观的登录系统和程序；分配学生在实验室内外成对或分组地学习，以便他们能够相互提供帮助；向学生提供关于如何及何时可以从课堂外的技术专家或其他人那里获得帮助的详细信息。

（六）让学生参与决策

在考虑网络教学时，让学生参与决策显得尤为重要。

网络教学涉及许多特殊的复杂性，如果不与学生进行特别磋商，教师很难充分意识到这些复杂因素带来的影响。 这可能需要匿名调查、课堂讨论，或让学生参与表达他们对技术实施过程的意见。

除此之外，计算机介导的交流的本质是它为更多的偏离方向的互动提供了机会（Warschauer, 1996b; Warschauer, Turbee & Roberts, 1996）。 为了充分利用这些机会，教师必须学会成为"站在一边的向导"，而不是"舞台上的圣人"。

正如其他学者所指出的（Warschauer, Turbee & Roberts, 1996），让学生参与决定课堂方向并不意味着教师扮演着被动的角色。　教师在以学生为中心、网络增强的课堂中的贡献包括：协调小组规划，将学生的注意力集中在计算机介导的文本的语言方面，帮助学生获得元语言的体裁和语篇意识，以及帮助学生制订适当的学习策略。

（七）课堂例证

　　下面是一个基于网络的课堂示例，用来说明上一节中的几个要点。　一位大学讲师决定重新设置她的基于网络交流的 ESL 高级写作课程。　安排每周在计算机实验室上两次课，在普通教室上两次课。　学生在小组中分享了他们的电子邮件写作和论文的初稿及终稿。　学生还与美国和加拿大一些大学的以母语为英语的合作伙伴进行键友交流。　这些活动是围绕教师的目标精心安排的，目标是让学生以各种风格向特定受众写作。　在此过程中，学生经常能从同龄人和教师那里得到关于其作文的组织和结构的反馈。

　　不幸的是，老师有点低估了新课程的复杂性，因此，学生对许多任务感到不知所措。　一些学生来自不发达地区，在使用计算机方面没有经验，无法跟上其他同学的进度，其中包括学习英语语法课程、频繁的小组写作活动、给键友写信和写正式的论文。　学生感到有些沮丧，并质疑许多作业的价值。

　　幸运的是，教师实施了一个重要的指导方针：她倾听学生的意见，让他们参与决策。　根据学生的反馈，教师精简了课程活动，重点关注那些将互联网的使用与课程目标结合在一起的活动，这些活动也使学生对写作方向有了更多的发言权。　学生的最后成果包括发表在互联网上的简短自传体文章，一个由学生导演并与他们的交流班分享的视频，以及一篇比较合作伙伴所在国家的文化和中国文化的文章，文章中既有他们从网上收集的材料，也有通过电子邮件与他们的键友进行访谈时收集的内容。　在课程结束时，学生对他们学到的写作和使用电脑的技能表示自豪。　一位学生评论道："现在课快结束了，老师给我们任何题目，我想我都可以用英语写出来了。我觉得很自信！"

　　每个教师都会根据自己的目标、课程的目标、学生的需求及可用的材料和技术而找到适合自己的方式。 希望本章所概述的准则可以帮助教师更好地把自己的目标、学生的需求和技术增强课堂效果结合起来。

参考文献

北京新知堂教育科技开发有限公司，2017.剑桥少儿英语第二级 AR 版［M］.西安：西安交通大学出版社.

东尼·博赞，巴利·博赞，2015.思维导图［M］.卜煜婷，译.北京：化学工业出版社.

胡水星，2017.社区教育信息化云服务架构与应用研究［J］.继续教育研究（5）：59-61.

胡宇明，曹卉，2014.基于云计算的河南社区教育公共服务云平台建设思路［J］.河南广播电视大学学报（1）：9-11.

黄春媚，2015.基于"云计算"的社区教育实验教学模式研究［J］.继续教育（4）：36-37.

李彦宏，2017.智能革命［M］.北京：中信出版社.

刘琳，2017.AR 童乐英文歌［M］.北京：团结出版社.

戚一岚，吴兴泉，2002.因特网在英语教学中的应用方式评述［J］.浙江师范大学学报（12）：114-117.

戚一岚，何君，2006a.学生在电子邮件键友活动中遇到的困难分析［J］.远程教育杂志（2）：64-67.

戚一岚，何君，2006b.利用网站管理系统建设英语教学网站［J］.中国现代教育装备（8）：82-86.

戚一岚，何君，2006.运用电子邮件键友活动辅助英语写作教学［J］.中国现代教育装备（12）：50-52.

戚一岚，2017.终身学习视阈下的英语习得障碍探究［J］.海外英语（3）：19-20.

戚一岚，2019. 社区英语教育云平台构建研究［J］. 海外英语（7）：158-159.

邱相彬，2013. 区域社区教育数字化资源云共享模式架构与保障机制［J］. 当代继续教育（6）：63-64.

王清，张必兰，2014. 基于增强现实的安卓英语单词识记软件的设计与实现［J］. 电脑知识与技术（9）：6431-6435.

王晓静，2016. 基于认知策略理论的大学英语听力教学模式研究［J］. 外语教学，37（2）：65-68.

吴本虎，2002. 英语学习策略［M］. 合肥：安徽教育出版社.

吴涛，金义富，张子石，2013. 云计算时代虚拟学习社区的特征分析——以未来教育空间站为例［J］. 电化教育研究（1）：57-61.

杨志坚，2015. 中国社区教育发展报告（2013—2014年）［M］. 北京：中央广播电视大学出版社.

喻春阳，蒲佳宁，郑凌腾，等，2016. 增强现实与传统方式在幼儿英语识词效果上的差异［J］. 东北大学学报（自然科学版）（9）：1250-1253.

章泽昂，邬家炜，2010. 基于云计算的教育信息化平台的研究［J］. 中国远程教育（6）：66-69.

周洁，2001. 运用 Word 97 开发大学英语写作自主学习模式的研究［J］. 天津纺织工学院学报（3）：51-53.

AHMAD K, CORBETT G, ROGERS M, et al., 1985. Computers, Language Learning, and Language Teaching [M]. Cambridge: Cambridge University Press.

AITSISELMI F, 1999. Second language acquisition through e-mail interaction [J]. ReCALL, 11（2）：4-11.

ALTMAN R, 1999. Film/Genre [M]. London: British Film Institute.

AOKI N, 1999. Affect and the role of teachers in the development of learner autonomy [M]. Cambridge: Cambridge University Press.

APPEL C, MULLEN T, 2002. A new tool for teachers and researchers involved in e-mail tandem language learning [J]. Recall, 14 (2): 195-208.

ARMBRUST M, FOX A, GRIFFITH R, et al., 2009. Above the clouds: a Berkeley view of cloud computing, mimeo [M]. UC Berkeley, RAD Laboratory.

ARNONE M P, SMALL R V, CHAUNCEY S A, et al., 2011. Curiosity, interest and engagement in technology-pervasive learning environments: a new research agenda [J]. Educational technology, research and development, 59 (2): 181-198.

ATKINSON J W, RAYNOR J O, 1974. Motivation and Achievement [M]. Washington D C: Winston & Sons.

AZUMA R, BAILLOT Y, BEHRINGER R, et al., 2001. Recent advances in augmented reality [J]. IEEE computer graphics and applications, 21 (6): 34-47.

BARSON J, 1997. Space, time and form in the project-based foreign language classroom [M]. Melbourne, Australia: ALAA and the Horwood Language Centre.

BATURAY M H, DALAGLU A, YILDIRIM S, 2010. Language practice with multimedia supported we-based grammar revision material [J]. Recall, 22 (3): 313-331.

BEAUTTY K, 2003. Teaching and researching computer-assisted language learning [M]. Hong Kong: Longman.

BEAUVOIS M H, 1995. E-talk: attitudes and motivation in computer-assisted classroom discussion [J]. Computers and the humanities, 28: 177-190.

BEAUVOIS M H, 1997. Computer-mediated communication

(CMC): technology for improving speaking and writing [M]. Chicago: National Textbook Company.

BELISLE R, 1996. E-mail activities in the ESL writing class [J/OL]. http://iteslj.org/Articles/Belisle-Email.html.

BENNETT S, MATON K, KERVIN L, 2008. The "digital natives" debate: a critical review of the evidence [J]. British journal of educational technology, 38 (5): 775-786.

BENSON P, VOLLER P, 1997. Autonomy and Independence in Language Learning [M]. London: Longman.

BERSON P, 2001. Teaching and Researching Autonomy in Language Learning [J]. Pearson education limited.

BHATTACHARYA A, CHAUHAN K, 2010. Augmenting learner autonomy through blogging [J]. ELT Journal, 64 (4): 376-384.

BIESENBACH-LUCAS S, WEASENFORTH D, 2001. E-mail and word processing in the ESL classroom: how the medium affects the message [J]. Language learning & technology, 5/1: 135-165.

BLIN F, 2004. CALL and the development of learner autonomy: Towards an activity-theoretical perspective [J]. Recall, 16 (2): 377-395.

BLIN F, 1999. CALL and the development of learner autonomy [M]. Lisse: Swets & Zeitlinger, 133-148.

BLOCK D, 1996. Not so fast: some thoughts on theory culling, relativism, excepted findings and the heart and soul of SLA [J]. Applied linguistics, 17 (1): 63-83.

BOOKER M K, 2010. Disney, Pixar and the hidden messages of children's films [M]. Santa Barbara, CA: Praeger.

BORDWELL D, THOMPSON K, 2001. Film art. an introduction

［M］. New York: McGraw-Hill.

BOUD D, 1988. Developing student autonomy in Learning［M］. London: Kogan Page.

BOUD D, 1995. Readiness for autonomy: investigating learner beliefs［J］. System（2）: 195-205.

BRITISH COUNCIL, 2002. http://www. britcoun. org/english/.

BROWN D, 1993. Principles of language and teaching［M］. New York: Prentice Hall.

BRUNER J S, 1985. Vygotsky: a historical and conceptual perspective［M］. Cambridge, UK: Cambridge University Press.

BUNDESKUNSTHALLE, 2012. Press portfolio: pixar. 25 years of animation［M］. Bonn: Kunst-und Ausstellungshalle.

BURSTON J, MONVILLE-BURSTON M, 1999. Using the varieties of French CD-ROM: The student's perspective［J］. CALL-EJ, （1）: 1.

BUSH M, TERRY R, 1997. Technology-enhanced language learning［M］. Lincoln-wood, Illinois: National Textbook Company.

CASTELLANO J, MYNARD J, RUBESCH T, 2011. Student technology use in a self-access center［J］. Language learning & technology, 15（3）: 12-27.

CHAPELLE C, 1999. Research questions for a CALL research agenda: a reply to rafael salaberry［J］. Language learning & technology, 3（1）: 108-113.

CHATMAN S, 1980. Story and discourse. narrative structure in fiction and film［M］. Ithaca, NY: Cornell.

CHEN C F E, CHENG W Y E, 2008. Beyond the design of automated writing evaluation: pedagogical practices and perceived learning effectiveness in EFL writing classes［J］. Language learning & technology, 12（2）: 94-112.

CHEN Q M, 2000. Using World Wide Web Effectively in TEFL [D]. Wahan: Central China Normal University.

CHOI J, NESI H, 1998. An account of a pilot keypal project for Korean children [J]. English language teacher education and development, 4/1: 21-45.

CHUN D, 1994. Using computer networking to facilitate the acquisition of interactive competence [J]. System, 22（1）: 17-31.

CLARKE J, 2013. The films of pixar animation studio [M]. Harpenden: Kamera Books.

COBB P, 1994. Where is mind? constructivist and sociocultural perspectives on mathematical development [J]. Educational researcher, 23/7: 13-20.

COLLEGE ENGLISH SYLLABUS REVISION TEAM, 1991. College english syllabus（for students of arts and sciences in institutions of higher learning）[M]. Shanghai: Shanghai Foreign Language Education Press.

COLLENTINE K, 2011. Learner autonomy in a task-based 3D world and production [J]. Language learning & technology, 15（3）: 50-67.

COLLINS J, 2009. Lifelong learning in the 21st century and beyond [J]. Journal of radiographics, 29（2）: 613-622.

DALGARNO B, 2001. Interpretations of consgtructivism and consequences for computer assisted learning [J]. British journal of educational technology, 32（2）: 193-194.

DAM L, 1990. Learner autonomy in practice [M]. London: Bourne Press, 16-37.

DAVIES G, J HIGGINS, 1982. Computers, language and

language learning [M]. London: CILT.

DAVIS B, CHANG Y L, 1994/95. Long distance collaboration with on-line conferencing [J]. TESOL Journal, 4/2: 28-31.

DE L F M J, 2003. Is SLA interactionist theory relevant to CALL? a study on the effects of computer mediated interaction in L2 vocabulary acquisition [J]. Computer assisted language learning, 16 (1): 47-81.

DEBSKI R, 1997. Support of creativity and collaboration in the language classroom: a new role for technology [M]. Melbourne, Australia: ALAA and the Horwood Language Centre.

DEDE C, 2009. Immersive interfaces for engagement and learning [J]. Science, 323 (5910): 66-69.

DENG X L, 2000. Investigations on college students' writing ability in English and the implications [D]. Guangzhou: South-West China Normal University.

DERSHEM A, 1996. Covert constructivism: an awakened understanding [OL]. http://education.indiana.edu/.

DEUTSCHMANN M, PANICHI L, MOLKA-DANIELSEN J, 2009. Designing oral participation in second life-a comparative study of two language proficiency courses [J]. Recall, 21 (2): 206.

DICKINSON L, 1995. Autonomy and motivation—a literature review [J]. System, 23 (2) 165-174.

DORNYEI Z, 1998. Motivation in second and foreign language learning [M]. Cambridge: CUP.

DORNYEI Z, 1999. Motivation [M]. Oxford: Elsevier.

DORNYEI Z, USHIODA E, 2011. Teaching and researching motivation (second edition) [M]. Harlow: Pearson.

DORNYEI Z, USHIODA E, 2009. Motivation, language identity

and the L2 self [M]. Bristol: Multilingual Matters.

DOUGHTY C J, WILLIAMS J, 1998. Focus on form in classroom second language acquisition [M]. Cambridge, UK: Cambridge University Press.

DOUGHT C J, 1991. Theoretical motivations for IVD software research and development [M]. Provo, UT: Brigham Young Press.

DOUGHTY C J, LONG M H, 2003. Optimal psycholinguistic environments for distance foreign language learning [J]. Language learning & technology, 7 (3): 50-80.

DUNLEAVY M, SIMMONS B, 2011. Assessing learning and identity in augmented reality science games [M]. Rotterdam, The Netherlands: Sense.

DUNLEAVY M, DEDE C, MITCHELL R, 2009. Affordances and limitations of immersive participatory augmented reality simulations for teaching and learning [J]. Journal of science education and technology, 18 (1): 7-22.

EDER J, 2007. Spiel-Figuren. computeranimierte familienfilme und der wandel von figurenkonzeptionen imgegenwärtigen Kino [M]. Bielefeld: Transcript.

EGBERT J, CHAO C, HANSON-SMITH E, 1999. Computer-enhanced language learning environments: an overview [J] // EGBERT J J, HANSON-SMITH E, CALL environments: research, practice and critical issues [J]. Alexandria, VA: TESOL.

ELLIS R, 1994. The study of second language acquisition [M]. Oxford, UK: Oxford University Press.

ENGESTROM Y, 1987. Learning by understanding: an activity-theoretical approach to developmental research [M]. Helsinki: Orienta-Konsultit.

ENGESTROM Y, 1999. Activity theory and individual and social transformation [M]. Cambridge, UK: Cambridge University Press.

ERL T, PUTTINI R, MAHMOOD Z, 2013. Cloud computing: concepts, technology, & architecture [M]. Pearson Education.

ERTMER P, 2005. Teacher pedagogical beliefs: the final frontier in our quest for technology integration? [J]. Educational technology, research and development, 53 (4): 369-379.

FACER K, JOINER R, STANTON D, et al., 2004. Savannah: mobile gaming and learning? [J]. Journal of computer assisted learning, 20: 399-409.

FEDDERHOLDT K, 2001. An e-mail exchange project between non-native speakers of English [J]. ELT journal, 55/3: 273: 280.

FELIX U, 2002. The web as a vehicle for constructivist approaches in language teaching [J]. Recall, 14 (1), 2-15.

FELIX U, 2003. Pedagogy on the line: identifying and closing the missing links [M]. Lisse: Swets & Zeitlinger.

FELIX U, 1997. Integrating multimedia into the curriculum: a case study [J]. On-call, 11: 1.

FERNANDEZ-GARCIA M, MARTINEZ-ARBELAIZ A, 2002. Negotiation of meaning in non-native speaker synchronous discussions [J]. CALICO Journal, 19 (2), 279-294.

FIELD S, 2005. Screenplay: the foundations of screenwriting [M]. New York: Bantam Dell.

FIELD J, 2001. Lifelong education [J]. International journal of lifelong education, 20 (1/2): 3-15.

FISHER L, EVANS M, ESCH E, 2007. Computer-mediated communication: promoting autonomy and intercultural

understanding at secondary level [J] . Language learning journal,
30: 50-58.

FOX M, 1988. A report on studies of motivation teaching and small
group interaction with special reference to computers and to the
teaching and learning of arithmetic [M] . Milton Keynes: The
Open University, Institute of Educational Technology.

FRECCERO C, 1999. Popular culture: an introduction [M] .
New York: New York University Press.

FREITAG-HILD B, 2010. Theorie, aufgabentypologie und
unterrichtspraxis inter-und transkultureller Literaturdidaktik [M] .
British Fictions of Migration im Fremdsprachenunterricht. Trier: WVT.

FREITAG-HILD B, 2016. Identity, intercultural relationships and
growing up in the 1970s: teaching anita and me to promote inter-and
transcultural learning [M] . Tübingen: Narr.

FRIZLER K, 1995. The internet as an educational tool in ESOL
writing instruction [EB/OL] . http: //thecity. sfsu. edu/funweb/
thesis. html.

GAL'SKOVA N D, GEZ N I, 2004. Theory of teaching foreign
languages [M] . Moscow: Akademiya.

GALLARDO D P F, GAMBOA E, 2009. The evaluation of
computer-mediated technology by second language teachers:
collaboration and interaction in CALL [J] . Educational media
international, 46 (2) : 137-152.

GASS S M, 2003. Input and interaction [M] . Oxford, UK:
Basil Blackwell.

GASS S M, VARONIS E M, 1994. Input, interaction and second
language production [J] . Studies in second language acquisition,
16: 283-302.

GATES P, 2003. Buddy films [M]. Thousand Oaks, CA: SAGE.

GILLAM K, WOODEN S R, 2008. Post-princess models of gender: the new man in disney/pixar [J]. Journal of popular film and television, 36 (1): 2-8.

GONZALEZ-BUENO M, 1998. The effects of electronic mail on Spanish L2 discourse [J]. Language learning & technology, 1/2: 55-70.

GONZALEZ-LLORET M, 2003. Designing task based CALL to promote interaction: en busca de esmeraldas [J]. Language learning & technology, 7 (1), 86-104.

GOODT L, BROPHY J E, 1994. Looking in classrooms [M]. New York: HarperCollins.

GRAU M, 2009. Worlds apart? english in german youth cultures and in educational settings [J]. World englishes, 28 (2): 160-174.

GREGG K R, 1993. Taking explanation seriously; or, let a couple of flowers bloom [J]. Applied linguistics, 14 (3): 276-294.

GREGG K R, 2000. Review article. a theory for every occasion: postmodernism and SLA [J]. Second language research, 16 (4): 383-399.

GU P, 1998. Internet and foreign language teaching (II) [J]. Media in foreign language instruction, 68 (2): 47-50.

GUTIERREZ G A G, 2003. Beyond interaction: the study of collaborative activity in computer-mediated tasks [J]. Recall, 15 (1): 94-112.

WU H K, LEE S W Y, CHANG H Y, et al., 2013. Current status, opportunities and challenges of augmented reality in education [J]. Computer & education, 62: 41-49.

HAAS C, 1996. Writing technology: studies on the materiality of literacy [M]. Mahwah, NJ: Lawrence Erlbaum Associates.

HALBERSTAM J, 2011. The queer art of failure. durham [M]. NC: Duke University Press.

HAMPEL R, 2003. Theoretical perspectives and new practices in audio-graphic conferencing for language learning [J]. Recall, 15 (1): 21-36.

HARRIS V, 1996. Developing pupil autonomy [M]. London: Centre for Information on Language Teaching and Research.

HAWORTH W, 1995. World language pages [EB/OL]. http://www. Livj m. ac. uk/language/.

HEALEY D. 1999. Classroom practice: communicative skill-building tasks in CALL environments [M]. Alexandria, VA: TESOL.

HEALEY D, KLINGHAMMERS S J, 2002. Constructing meaning with computers [Special Issue] [J]. TESOL Journal, 11 (3): 3.

HEMARD D, 2006. Evaluating hypermedia structures as a means of improving language learning strategies and motivation [J]. Recall, 18 (1): 24-44.

HENSELER R, MOLLER S, SURKAMP C, 2011. Filme im englischunterricht [M]. Grundlagen, Methoden, Genres. Seelze: Klett; Kallmeyer.

HOFFMAN R, 1994. The warm network: electronic mail, ESL learners and the personal touch [J]. On call, 8 (2): 10-13.

HOFMANN J, 2017. Animationsfilme im englischunterricht [M]. Baltmannsweiler: Schneider Verlag Hohengehren.

HOLEC H, 1981. Autonomy in foreign language learning [M]. Oxford, UK: Pergamon.

HOLEC H, 1985. On autonomy: some elementary concepts [A]. New York: Longman.

HUDSON J M, BRUCKMAN A S, 2002. IRC francais: the creation of an internetbased SLA community [J]. Computer assisted language learning, 15 (2): 109-134.

HEATON J B, 2000. Writing english language tests [M]. Beijing: Foreign Language Teaching and Research Press.

MICHAEL S J, 2015. 教育传播与技术研究手册（第四版）[M]. 上海：华东师范大学出版社.

JANDA T, 1995. Breaking the ice: e-mail dialogue journal introductions and responses [A]. Honolulu: University of Hawaii, Second Language Teaching and Curriculum Center.

JAUREGI K, DEGRAFF R, VAN D H, et al., 2012. Native/non-native speaker interactions through video-web communication: a clue for enhancing motivation? [J]. Computer assisted language learning, 25 (1): 1-19.

JENKINS H, MCPHERSON T, SHATTUC J, 2003. The culture that sticks to your skin: a manifesto for a new cultural studies [A]. Durham, NC: Duke University Press, 4-26.

JIANG W, RAMSAY G, 2005. Rapport-building through CALL in teaching Chinese as a foreign language: an exploratory study [J]. Language learning & technology, 9 (2): 47-63.

JOGAN M K, HEREDIA A H, AGUILERA G M, 2001. Cross-cultural email: providing cultural input for the advanced foreign language student [J]. Foreign language annals, 34 (4): 341-346.

JOHNSON L, SMITH R, WILLIS H, et al., 2011. The 2011 horizon report. austin [M]. TX: The New Media Consortium.

JONASSEN D, 1994. Thinking technology: towards a constructivist design model [J] . Educational technology, 34-37.

JONASSEN D H, 1994. Technology as cognitive tools: learners as designers [EB/OL] . http: //it. c oe. uga. edu/itforum/paper1/ paper1. html.

JONES A, MERCER N, 1993. Theories of learning and information technology [M] . London: Routledge.

JORDAN G, 2004. Theory cnstruction in second language acquisition [M] . Amsterdam: John Benjamins.

JOY L E, 1996. Analytic and systemic analyses of computer-supported language learning environments [J] . TESJ-EJ, 2/2: 2-24.

JUNG I, 2011. The dimensions of e-learning quality: from the learner's perspective. educational technology [J] . Research and development, 59 (4) : 445-464.

KALTENBOCK G, 2001. Learner autonomy: a guiding principle in designing a CD-ROM for intonation practice [J] . Recall, 13 (2) : 179-190.

KELM O, 1992. The use of synchronous computer networks in second language instruction: a preliminary report [J] . Foreign language annals, 25: 441-454.

KELMAN P, 1990. Alternatives to integrated instructional systems [J] . CUE Newsletter, 13/2: 7-9.

KENNEDY G E, JUDD T S, CHURCHWOOD A, et al. , 2008. First year students' experiences with technology: are they really digital natives? [J] . Australasian journal of educational technology, 24 (1) : 108-122.

KERN R, 1995. Restructuring classroom interaction with networked computers: effects on quantity and quality of language production [J] . Modern language journal, 79 (4) : 457-476.

KESSLER G, 2006. Assessing CALL teacher training: what are we doing and what could we do better? [M] . Amsterdam: John Benjamins.

KESSLER G, 2009. Student-initiated attention to form in wiki-based collaborative writing [J] . Language learning & technology, 13 (1) : 79-85.

KLOPFER E, SHELDON J, 2010. Augmenting your own reality: student authoring of science-based augmented reality games [J] . New directions for youth development, 128 (Winter) : 85-94.

KLOPFER E, SQUIRE K, 2008. Environmental detectives-the development of an augmented reality platform for environmental simulations [J] . Educational technology research and development, 56 (2) : 203-228.

KOHLMANN K, 2007. Der computeranimierte spielfilm. forschungen zur inszenierung und klassifizierung des 3-D-Computer-Trickfilms [M] . Bielefeld: Transcript.

KOMORIS, ZIMMERMAN E, 2001. A critique of web-based Kanji learning programs for autonomous learners: suggestions for improvement of WWKanji [J] . Computer assisted language learning, 14 (1) : 43-67.

KOVALENKO M P, 2003. Formation of listening skills [M] . Yekaterinburg: SE PER.

KRASHEN S, 1977. The monitor model of adult second language performance [M] . New York: Regents.

KRASHEN S, 1985. The input hypothesis: issues and implications [M] . Harlow, UK: Longman.

KRASHEN S D, 1981. Second language acquisition and second language learning [M]. USA: Pergamon Press Inc.

KROONENBERG N, 1994/95. Developing communicative and thinking skills via electronic mail [J]. TESOL journal, 4（2）: 24-27.

KUHN M, SCHEIDGEN I, WEBER N V, 2013. Genretheorien und genrekonzepte [M]. Berlin: De Gruyter.

VOGOTSKY L S, 1998. Mind in society: the development of higher psychological processes [M]. Cambridge, Massachusetts: Harvard University Press.

TREVINO L K, WEBSTER J, 1992. Flow in computer-mediated communication: electronic mail and voice mail evaluation and impacts [J]. Communication research, 19（5）: 539-573.

LAI C, GU M, 2011. Self-regulated out-of-class learning with technology [J]. Language learning & technology, 24（4）: 317-335.

LAMB M, 2004. Integrative motivation in a globalizing world [J]. System, 32: 3-19.

LANTOLF J P, 1996. Review article. SLA theory building: "Letting all the flowers bloom!" [J]. Language learning, 46 （4）: 713-749.

LANTOLF J P, PAVLENKO A, 2001. Second language activity theory: understanding second language learners as people [M]. Harlow, UK: Longman.

LEE L, 2001. Online interaction: negotiation of meaning and strategies used among learners of Spanish [J]. Recall, 13（2）: 232-244.

LEE L, 2009. Promoting intercultural exchanges with blogs and podcasting: a study of Spanish-American telecollaboration [J]. Computer assisted language learning, 22 (5): 425-443.

LEGUTKE M K, 2012. Teaching teenagers [M]. Cambridge: Cambridge University Press.

LELOUP J W R, PONTERIO, 1995. Basic internet tools for foreign language educators [M]. Honolulu, HI: University of Hawaii Press.

LEONT'EV A N, 1981. Psychology and the language learning process [M]. Oxford, UK: Pergamon.

LEVIN J, BORUTA M, 1983. Writing with computers in classrooms: "You get exactly the right amount of space!" [J]. Theory into practice, 22: 291-295.

LEVY M, 1997. CALL: context and conceptualisation [M]. Oxford: Oxford University Press.

LEVY M, STOCKWELL G, 2006. CALL dimensions: options and issues in computer assisted language learning [M]. Mahwah, NJ: Lawrence Erlbaum Associates.

LEVY M, 1997. Computer-assisted language learning [M]. Cambridge: Cambridge University Press.

LEVY M, KENNEDY C, 2004. A task-cycling pedagogy using audio-conferencing and stimulated reflection for foreign language learning [J]. Language learning & technology, 8 (2): 50-68.

LIAW MEEI-LING, JOHNSON R J, 2001. E-mail writing as a cross-cultural learning experience [J]. System, 29/2: 235-251.

LIGHT P, 1993. Collaborative learning with computers [M]. London: Routledge.

LIM C P, HANG D, 2003. An activity theory approach to research of ICT integration in Singapore schools [J]. Computers and education,

41, 49-63.

LINDER D, 2000. Making e-mail exchanges really work [J]. MET, 9/3: 40-44.

LIOU H C, 1994. Practical considerations for multimedia courseware development: an EFL IVD experience [J]. CALICO Journal, 11 (3): 47-74.

LITTLE D, 1991. Learner autonomy 1: definitions, issues, and problems [M]. Dublin: Authentik.

LITTLE D, 1990. Autonomy in language learning [M]. London: Bourne Press.

LITTLE D, 1996. Freedom to learn and compulsion to interact: promoting learner autonomy through the use of information systems and information technologies [M]. Hong Kong: Hong Kong University Press.

LITTLE D, 1995. Learning as dialogue: the dependence of learner autonomy on teacher autonomy [J]. System (2): 175-181.

LITTLEWOOD W, 1996. Autonomy: an autonomy and framework [J]. System (4): 427-435.

LIU L, 2001. Computer-supported collaborative learning: theory and practice [D]. Beijing: The PLA University.

LONG M H, 1996. The role of the linguistic environment in second language acquisition [M]. San Diego: Academic Press.

LONG M H, CROOKES G, 1991. Three approaches to task-based syllabus design [J]. TESOL quarterly, 26, 27-55.

CSIKSZENTMIHALYI M, 2004. Mihaly csikszentmihalyi: flow, the secret of happiness [Video file] [DB/OL]. http: //www. ted. com/ talks/mihaly_csikszentmihalyi_on_flow.

KESIM M, OZARSLAN Y, 2012. Augmented reality in education:

current technologies and the potential for education [J]. Procedia-social and behavioral sciences（47）：297-302.

MACARO E, 1997. Target language, collaborative learning and autonomy [M]. Clevedon: Multilingual Matters.

MAKITA Y, 1995. The effectiveness of dramatic/role-playing activities in the Japanese language [EB/OL]. http://mcel. pacificu. edu/aspac/papers/scholars/makita/makita. htm.

MARCUS S, 1995. E-mailiorating student writing [J]. Electronic learning, 1: 18-19.

MCCURRY J, 2013. Let elderly people "hurry up and die," says Japanese minister [EB/OL]. http://www. theguardian. com/world/2013/jan/22/elderly-hurry-up-die-japanese.

MCDEVITT R, 1997. Learner autonomy and the need for learner training [J]. Language learning journal, 16: 34-39.

MCDONELL W, 1992. Language and cognitive development through cooperative group work [M]. London: Prentice Hall.

MCMAHON M, 1997. Social constructivism and the World Wide Web-a paradigm for learning. the ASCILITE 97 conference papers [EB/OL]. http://www. ascilite. org. au/co nferences/perth97/papers/Mcmahon/Mcmahon. html.

MEHRA V, MERKEL C, BISHOP A P, 2004. The internet for empowerment of minority and marginalized users [J]. New media & society, 6（6）：781-802.

MILTON J, 1997. Providing computerized self-access opportunities for the development of writing skills [M]. London and New York: Addison Wesley Longman.

MITCHELL R, MYLES F, 1998. Second language learning theories [M]. London: Arnold.

MITCHELL R, MYLES F, 2004. Second language learning theories (2nd ed.) [M]. London: Arnold.

MOGGACH D, 2005. These foolish things [M]. London: Vintage.

MOTTERAM G, 1997. Learner autonomy and the web [M]. Lyons: INSA (National Institute of Applied Sciences).

MULLER-HARTMANN A, 2008. Is disney safe for kids? —subtexts in walt disney's animated films [J]. Amerikastudien/American Studies, 52 (3) : 399-415.

MURRAY D, 1998. Language and society in cyberspace [J]. TESOL matters, 8 (4) : 9-21.

MURRAY D, 1996. Technology is driving the future ... the steering is up to us [J]. TESOL Matters, 3.

MURRAY G L, 1999. Autonomy and language learning in a simulated environment [J]. System, 27 (3) : 295-308.

MURRAY G, GAO X, LAMB T, 2011. Identity, motivation and autonomy in language learning (Eds) [M]. Bristol: Multilingual Matters.

NAGEL P S, 1999. E-mail in the virtual ESL/EFL classroom [J/OL]. http://iteslj. org/Articles/Nagel-Email. html.

NANCY L B, 2013. MOOCS and community college distance education [EB/OL]. http://ssrn. com/abstract=2207216.

NEUMAN W L, 2003. Social research methods: qualitative and quantitative approaches (5th ed.) [M]. Boston: Allyn & Bacon.

NIZKODUBOY G A, EVSEEVA A M, 2015. Planning and implementation of the process aimed at teaching English to adult learners [J]. Mediterranean journal of social sciences, 6 (2) :

643-647.

NUNAN D, 1989. Designing tasks for the communicative classroom [M]. Cambridge: Cambridge University Press.

NUNAN D, 1988. The learner-centered curriculum [M]. Cambridge: Cambridge University Press.

NUNAN D, 2004. Task-based language teaching [M]. Cambridge, UK: Cambridge University.

NUNAN D, 1991. Language teaching methodology: a textbook for teachers [M]. London: Prentice Hall International.

O'MALLEY C, 1995. Designing computer support for collaborative learning [A]. New York: Springer-Verlag.

OGDEN A C, 2010. A brief overview of lifelong learning in Japan [J]. Journal of the language teacher, 34 (6): 5-13.

OLSON C B, 1991. The thinking/writing connection [M]. Alexandria, VA: Association for Supervision and Curriculum Development.

OXFORD R L, 1997. Cooperative learning, collaborative learning, and interaction: three communicative strands in the language classroom [J]. The modern language journal, 81 (5): 443-456.

PALLANT C, 2013. Demystifying disney. a history of disney feature animation [M]. New York; London: Bloomsbury.

PARKS S, HUOT D, HAMERS J, et al., 2003. Crossing boundaries: multimedia technology and pedagogical innovation in high school class [J]. Language learning & technology, 7 (1): 28-45.

PEACOCK M, 1997. The effect of authentic materials on the motivation of EFL learners [J]. ELT journal, 51/2: 144-153.

PELGRUM W J, 2001. Obstacles to the integration of ICT in education: results from a worldwide educational assessment [J]. Computers and Education, 37: 163-178.

PERRY J, KLOPFER E, NORTON M, et al., 2008. AR gone wild: two approaches to using augmented reality learning games in zoos [A]. The netherlands, 322-329.

PETERSON M, 2010. Learner participation patterns and strategy use in second life: an exploratory case study [J]. Recall, 22 (3): 273-292.

PHILLIPS D C, 1995. The good, the bad, and the ugly: the many faces of constructivism [J]. Educational researcher, 24 (7): 5-12.

PICA T, 1991. Classroom interaction, participation and comprehension: redefining relationships [J]. System, 19 (3): 437-452.

PINKMAN K, 2005. Using blogs in the foreign language classroom: encouraging learner independence [J]. The jalt call Journal, 1 (1): 12-24.

POSNER R, 1991. Kultur als zeichensystem. zur semiotischen explikation kulturwissenschaftlicher grundbegriffe [A]. Frankfurt: Fischer.

PRENSKY M, 2001. Digital natives, digital immigrants [J]. On the horizon, 9 (5): 1-6.

PYRHONEN H, 2007. Genre [A]. Cambridge: Cambridge University Press.

RAIMES A, 1983. Techniques in teaching writing [M]. New York: OUP.

REICHELT M, 2001. A critical review of foreign language writing research on pedagogical approaches [J]. The modern language journal, 85（4）: 578-598.

RIBE R, VIDAL N, 1993. Project work: step by step [M]. Oxford, UK: Heinemann.

ROGERS C, 1991. On becoming a person [M]. Boston, MA: Houghton Mifflin.

ROLLER K H, 2006. Zur faszination populärer filme für jugendliche [M]. München: Kopaed.

ROS I C, CALIC J, NEIJMANN D, 2010. A social and self-reflective approach to MALL [J]. Recall, 22（1）: 39-52.

RUSCHOFF B, RITTER M, 2001. Technology enhanced language learning: construction of knowledge and template based learning in the foreign language classroom [J]. Computer assisted language learning, 14（3-4）: 219-232.

SAMOVAR L, PORTER R, 1995. Communication between cultures [M]. Belmont, CA: Wadsworth Publishing House.

SANPRASERT N, 2010. The application of a course management system to enhance autonomy in learning English as a foreign language [J]. System, 38: 109-123.

SAYERS D, 1993. Distance team teaching and computer learning networks [J]. TESOL journal, 3（1）: 19-23.

SCHADLER S, 2009. Mit schneewittchen lernen, dass geschlechterrollen veränderbar sind. zum potenzial des, pädagogisch wertlosen Films [M]. Marburg: Schüren.

SCHMALSTIEG D, WAGNER D, 2007. Experiences with handheld augmented reality [M]. Proceedings of 6th IEEE and ACM international symposium on mixed and augmented reality [C]. Japan, 3-15.

SCHMIDT R, 1990. The role of consciousness in second language learning [J] . Applied linguistics, 11（2）：129-158.

SCHMIDT R, 1994. Deconstructing consciousness in search of useful definitions for applied linguistics [J] . AILA review, 11：11-26.

SCHULZE M, 2003. Grammatical errors and feedback： some theoretical insights [J] . CALICO Journal, 20（3）：437-450.

SCHWEIKLE I, 1990. Bildungsroman [M] . Stuttgart： Metzler.

SERGEANT S, 2001. CALL innovation in the ELT curriculum [A] . London： Routledge.

SHARWOOD-SMITH M, 1993. Input enhancement in instructed SLA： theoretical bases [J] . Studies in second language acquisition, 15（2）：165-180.

SHEERIN S, 1997. An exploration of the relationship between self-access and independent learning [A] . London and New York： Addison Wesley Longman.

SHIELD L A KUKULSKA-HULME, 2008. Mobile Assisted language learning（Eds. ）[J] . Recall, 20（3）.

SHIELD L, 2003. MOO as a language learning tool [A] . Lisse： Swets and Zeitlinger.

SHIN J, WASTELL D G, 2001. A user-centred methodological framework for the design of hypermedia based CALL systems [J] . CALICO Journal, 18（3）：517-537.

SINEL T, 2011. Lifelong learning matters. Washington, USA [EB/OL] . http：//blog. vipdesk. com/2011/04/04/lifelong-learning-matters/.

SKEHAN P, 1998. The cognitive approach to language learning [M] . Oxford, UK： Oxford University Press.

SPADA N, 1997. Form-focused instruction and second language

acquisition [J]. Language teaching, 30 (2) : 73-87.

SQUIRE K, 2010. From information to experience: place-based augmented reality games as a model for learning in a globally networked society [J]. Teachers college record, 112 (10) : 2565-2602.

SQUIRE K D, JAN M, MATTHEWS J, et al., 2007. Wherever you go, there you are: the design of local games for learning [M]. Rotterdam, Netherlands: Sense.

STOCKWELL G, 2008. Investigating learner preparedness for and usage patterns of mobile learning [J]. Recall, 20 (3) : 253-270.

STOCKWELL G, 2009. Teacher education in CALL: teaching teachers to educate themselves [J]. Innovation in language learning and teaching, 3 (1) : 99-112.

STOCKWELL G, 2010. Using mobile phones for vocabulary activities: examining the effect of the platform [J]. Language learning & technology, 14 (2) : 95-110.

STOCKWELL G, 2012. Conclusion [M]. Cambridge: Cambridge University Press.

STOCKWELL G, HARRINGTON M W, 2003. The incidental development of L2 proficiency in NS-NNS email interactions [J]. CALICO journal, 20 (2) : 337-359.

STOCKWELL G, TANAKA-ELLIS N, 2012. Diversity in environments [A]. Cambridge: Cambridge University Press.

STRAMBI A, BOUVET E, 2003. Flexibility and interaction at a distance: a mixed-mode environment for language learning [J]. Language learning & technology, 7 (3) : 81-102.

STROMMEN E, LINCOLN B, 1992. A framework for educational reform: constructivism [EB/OL]. http://www.ilt.

columbia. edu/.

SWAIN M, 1985. Communicative competence: some roles of comprehensible input and comprehensible output in its development [A]. Rowley, MA: Newbury House.

SWAIN M, LAPKIN S, 1995. Problems in output and the cognitive processes they generate: a step toward [J]. Applied linguistics, 16 (3): 371-391.

TELLA S, 1991. Introducing international communications networks and electronic mail into foreign language classrooms [R]. Research Report, 95.

TELOTTE J P, 2010. Animating space. from mickey to WALL-E [M]. Lexington, KY: The University Press of Kentucky.

TOLMIE A, BOYLE J, 2000. Factors influencing the success of computer mediated communication (CMC) environments in university teaching: a review and case study [J]. Computers and education, 34: 119-140.

TOYODA E, 2001. Exercise of learner autonomy in project-oriented CALL [J]. CALL-EJ (2): 2.

TYLER D, 2013. Home is where the heart is: pixar's up [M]. Jefferson, NC: McFarland & Co.

USHIODA E, 2006. Language motivation in a reconfigured europe: access, identity, autonomy [J]. Journal of multilingual and multicultural development, 27 (2): 148-161.

USHIODA E, 2011. Language learning motivation, self and identity: current theoretical perspectives [J]. Computer assisted language learning, 24 (3): 199-210.

VAN A F, 1998. The web for schools project [EB/OL]. http://wfs. eun. org/about/context /wfs/projectframe. html.

VAN D B K, 2006. Introduction: task-based language teaching in a nutshell [A]. Cambridge: Cambridge University.

VANNATTA R A, BEYERBACH B, 2000. Facilitating the constructivist vision of technology integration among education faculty and preservice teachers [J]. Journal of research on technology in education, 33(2): 132-148.

VARONIS E M, GASS S M, 1985. Non-native/non-native conversations: a model for negotiation of meaning [J]. Applied linguistics, 6(1): 71-90.

VICTORI M, LOCKHART W, 1995. Enhancing metacognition in self-directed language learning [J]. System (2): 223-234.

VOLLER P, 1997. Does the teacher have a role in autonomous language learning? [M]. London and New York: Addison Wesley Longman.

VON G E, 1994. Constructivism in education [M]. Oxford: Pergamon Press.

VYGOTSKY L, 1978. Mind in society: the development of higher psychological processes [M]. Cambridge, MA: Harvard University Press.

VYGOTSKY L S, 1978. Mind in society [M]. Cambridge, MA: Harvard University Press.

WANG L F, 2000. A survey of modern second language learning & teaching [M]. Shanghai: Shanghai Foreign Language Education Press.

WANG Q, 2002. A course in english language teaching [M]. Beijing: Higher Education Press.

WANG Y M, 1993. E-mail dialogue journaling in an ESL reading and writing classroom [D]. Eugene, Oregun: University of

Oregon at Eugene.

WARD A R, 2002. Mouse morality. the rhetoric of disney animated film [M]. Austin, TX: University of Texas Press.

WARSCHAUER M, 1996a. Comparing face-to-face and electronic communication in the second language classroom [J]. CALICO journal, 13 (2): 7-26.

WARSCHAUER M, 1996b. Computer-mediated collaborative learning: theory and practice (Research Note No. 17) [M]. Honolulu: University of Hawaii, Second Language Teaching and Curriculum Center.

WARSCHAUER M, 1996c. Motivational aspects of using computers for writing and communication [M]. Honolulu: University of Hawaii, Second Language Teaching and Curriculum Center.

WARSCHAUER M, 1996d. Telecollaboration in foreign language learning: proceedings of the hawaii symposium [M]. Honolulu: University of Hawaii, Second Language Teaching and Curriculum Center.

WARSCHAUER M, 1995a. E-mail for English teaching [M]. Alexandria, VA: TESOL Publications.

WARSCHAUER M, 1995b. Virtual connections: online activities and projects for networking language learners [M]. Honolulu: University of Hawaii, Second Language Teaching and Curriculum Center.

WARSCHAUER M, 1997. Computer-mediated collaborative learning: theory and practice [J]. The modern language journal, 81 (4): 470-481.

WARSCHAUER M, 2000. Electronic literacies: language,

culture, and power in online education [M]. Hillsdale, NJ: Lawrence Erlbaum Associates.

WARSCHAUER M, WHITTAKER P, 1997. The internet for english teaching: guidelines for teachers [J]. TESL Reporter, 30 (2): 27-33.

WARSCHAUER M, KERN R, 2000. Network-based language teaching: concepts and practice (Eds.) [M]. Cambridge, UK: Cambridge University Press.

WARSCHAUER M, TURBEE L, ROBERTS B, 1994. Computer learning networks and student empowerment [M]. Honolulu, HI: University of Hawaii, Second Language Teaching & Curriculum Center.

WARSCHAUER M, TURBEE L, ROBERTS B, 1996. Computer learning networks and student empowerment [J]. System, 14 (1): 1-14.

WENDEN A, 1998. Learner strategies for learner autonomy [M]. London: Prentice Hall International.

WENDEN A L, 1998. Learner training in foreign/second language learning: a curricular perspective for the 21st century [J]. Eric ed (67): 1-36.

WERTSCH J V, 1998. Mind as action [M]. New York: Oxford University Press.

WILLIS J, 1996. A framework for task-based learning [M]. Harlow, UK: Longman.

WINKE P, GOERTLER S, 2008. Did we forget someone? Students' computer access and literacy for CALL [J]. Calico journal, 25 (3): 482-509.

WOODEN S R, GILLAM K, 2014. Pixar's boy stories.

masculinity in a postmodern age [M] . Lanham, MD: Rowman & Littlefield.

XU Y, 2001. Application of computer technology in ESL writing course [D] . Beijing: The PLA University.

YATES J, ORLIKOWSKI W, 1993. Knee-jerk anti-loopism and other e-mail phenomena: oral, written, and electronic patterns in computer-mediated communication. unpublished manuscript, MIT sloan school of management [EB/OL] . http: //ccs. mit. edu/CCSWP150. html.

YOU C, 2000. The application of cooperative learning to the teaching of college english in China [D] . Congqing: South-west China Normal University.

YOWELL B, 1995. The world at our fingertips [EB/OL] . ERIC Document 378957.

ZAMEL V, 1981. Cybernetics: a model for feedback in the ESL classroom [J] . Tesol quarterly (15) : 139-150.

ZMEEV S I, 2007. Andragogy: fundamentals of the theory, history and technology of adult learning [M] . Moscow: PER SE.